もっともわかりやすい

ラグビー戦術入門ガイド

井上正幸 Inoue Masayuki

KANZEN

序章

4年に1度の祭典が始まる！

●「ブライトンの奇跡」と「ワンチーム」

2023年9月8日、ラグビーワールドカップ2023フランス大会が開催されます。今回で節目の10回目の大会となるワールドカップ（以下、W杯）の開催を目前にして、ワクワクする気持ちを抑えられないという人が、そこかしこにいるのではないでしょうか。

振り返ってみると、日本国内でラグビーW杯がこれまでにない盛り上がりを見せたのは、2015年に行われた第8回のイングランド大会が端緒《たんしょ》でした。

第1回のオーストラリア・ニュージーランド共同開催大会（1987年）から第7回のニュージーランド大会（2011年）まで、日本代表「ブレイブ・ブロッサムズ」の通算成績は、1勝21敗2分という惨憺《さんたん》たるものでした。

2015年9月19日イングランド南東部の都市ブライトンで行われた日本代表にとっての

初戦の相手は南アフリカ「スプリングボクス」。過去2回の優勝経験があり、世界ランキング3位のチームと、W杯16連敗中（2引き分けを含む）で世界ランキング13位の日本とでは、勝敗は火を見るよりも明らかというのが、大方の意見でした。実際、試合前のブックメーカーによるオッズ（賭け率）は、南アフリカの1倍に対して、日本はなんと34倍だったのです。

ところが、いざ試合が始まると、われらがジャパンは果敢に攻撃を仕掛け、また体を張って南アフリカの巨漢選手の突進を止め続けました。そして、後半の40分過ぎにウィング（以下、WTB）のカーン・ヘスケス選手が左隅に逆転のトライを決め、34対32で歴史的勝利を収めたのです。

この逆転劇は「スポーツ史上最大のジャイアントキリング（番狂わせ）」と呼ばれるとともに、世界中で「ブライトンの奇跡」と称賛されました。

ブライトンの奇跡によって一気に火がついたラグビーブームが、さらに盛り上がったのが、2019年に行われた第9回の日本大会でした。

この大会の予選プールにおいて、日本代表は、ロシア、アイルランド、サモア、スコットランドを次々と撃破し、4戦全勝で悲願のベスト8進出を果たしました。残念ながら、決勝トーナメントの初戦で南アフリカに敗れたものの、前回大会に続く大躍進に日本中が湧きました。

とくに、ジェイミー・ジョセフ ヘッドコーチ（以下、HC）が掲げた「ワンチーム」というキャッチフレーズは、いわゆる「にわかファン」にまで浸透し、その年の流行語大賞に選ばれたほどでした。

一つになって戦うのは自分のプライドのため

なぜ、ラグビーはこれほどまでに人の胸を打つのでしょうか。要因はいくつかあげられるでしょうが、その際たるものは、「ワンチーム」に象徴される、一つになって戦う姿勢ではないでしょうか。

一つになって戦うといっても、「和をもって尊《とうと》しとなす」の精神や、日本のスポーツ界に古くから伝わる「自己犠牲の精神」とはちょっと異なります。

自分よりはるかに大きな選手が突進してきたら、誰でも怖いでしょう。しかし、怖いからといってタックルをしなければ、チームは負けてしまいます。だから、チームのために、仲間のためにタックルをする。そして、その根底には、「自分のプライドのためにこそタックルをする」という意識が必ずあります。つまり、「チームのため」＝「自分のため」なのです。その思いを背負って体を張る姿が、多くの人の胸を打つのではないでしょうか。

戦術がわかればラグビー観戦の楽しさが倍増する

本書を手に取ってくれたあなたも、そうした人たちの一人かもしれません。

W杯をきっかけに、ラグビーに取り憑《つ》かれた。ラグビーをやったことはないけど、興味が湧いてきた。プレーからは長い間ご無沙汰しているけど、久々に学生時代を思い出した……いろいろな人たちがいることでしょう。

そうした人たちには、まずはラグビー観戦をおすすめします。ラグビーの試合を観ることで、このスポーツの楽しさや奥深さをぜひ体感してほしいと思います。

とはいえ、ラグビー初心者や、長らくプレーから遠ざかっている人にとっては、現代のラグビーのフィールドで何が行われているのか、選手が何をしようとしているのかを理解するのは簡単なことではないでしょう。

そこで、本書では、そうした人たちに向けて、ラグビーの戦術のイロハを解説することにしました。

戦術といっても、決してむずかしいものではありません。攻撃側は何を意図してプレーしているのか。それに対して、防御側はどのような対応をしているのか。この選手は、なぜこのプレーを選択したのか……そうしたことがわかってくると、ラグビー観戦はがぜんおもしろくなります。

本書では、ラグビーの戦術の基礎知識から、過去のW杯における戦術、そして今大会で予想される主要各国の戦術までをくわしく解説しています。現地で生観戦する人も、リビングでテレビ観戦する人も、そのかたわらに本書を置いて、ラグビーの戦術を楽しんでいただけたら、著者としてこれ以上の喜びはありません。

2023年8月

井上正幸《いのうえまさゆき》

基本的な図版の見方

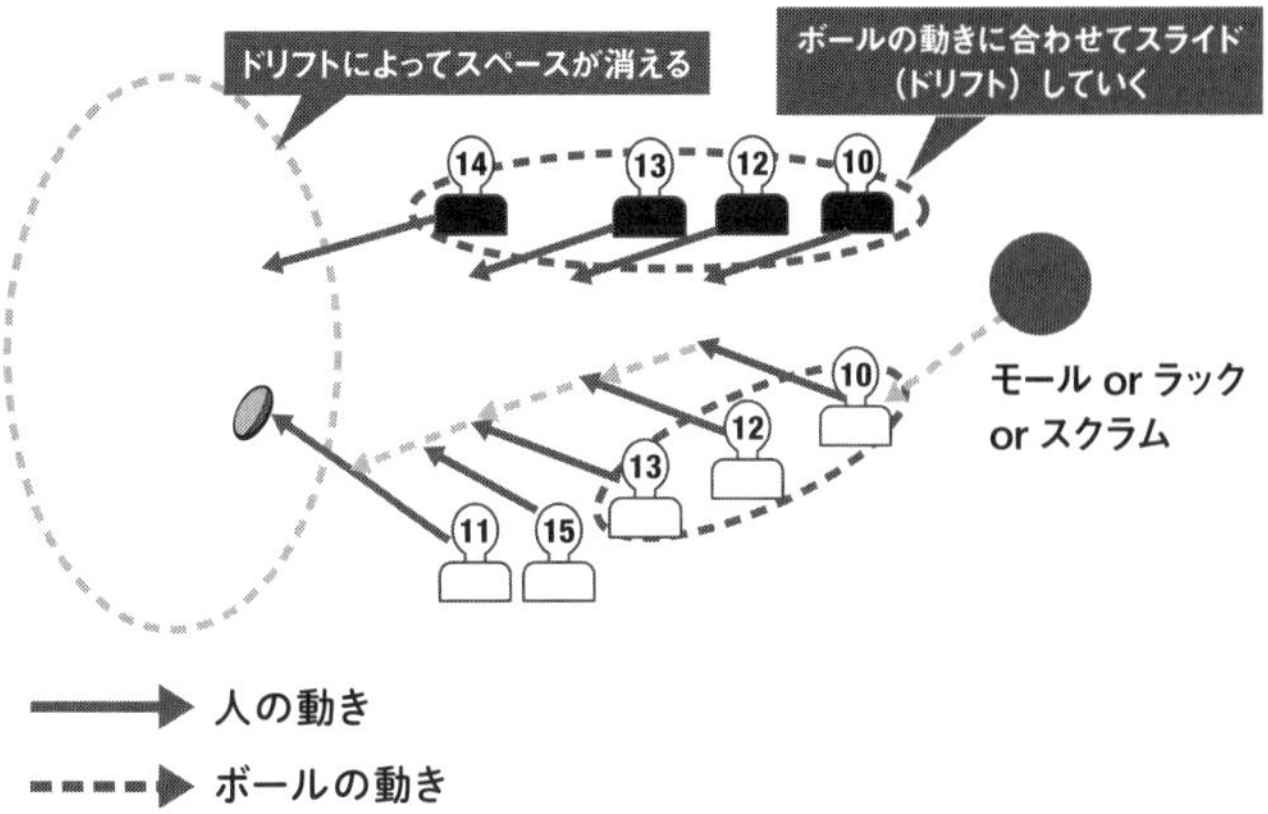

ドリフトによってスペースが消える
ボールの動きに合わせてスライド（ドリフト）していく
14
13
12
10
10
12
13
11
15
モール or ラック or スクラム
人の動き
ボールの動き

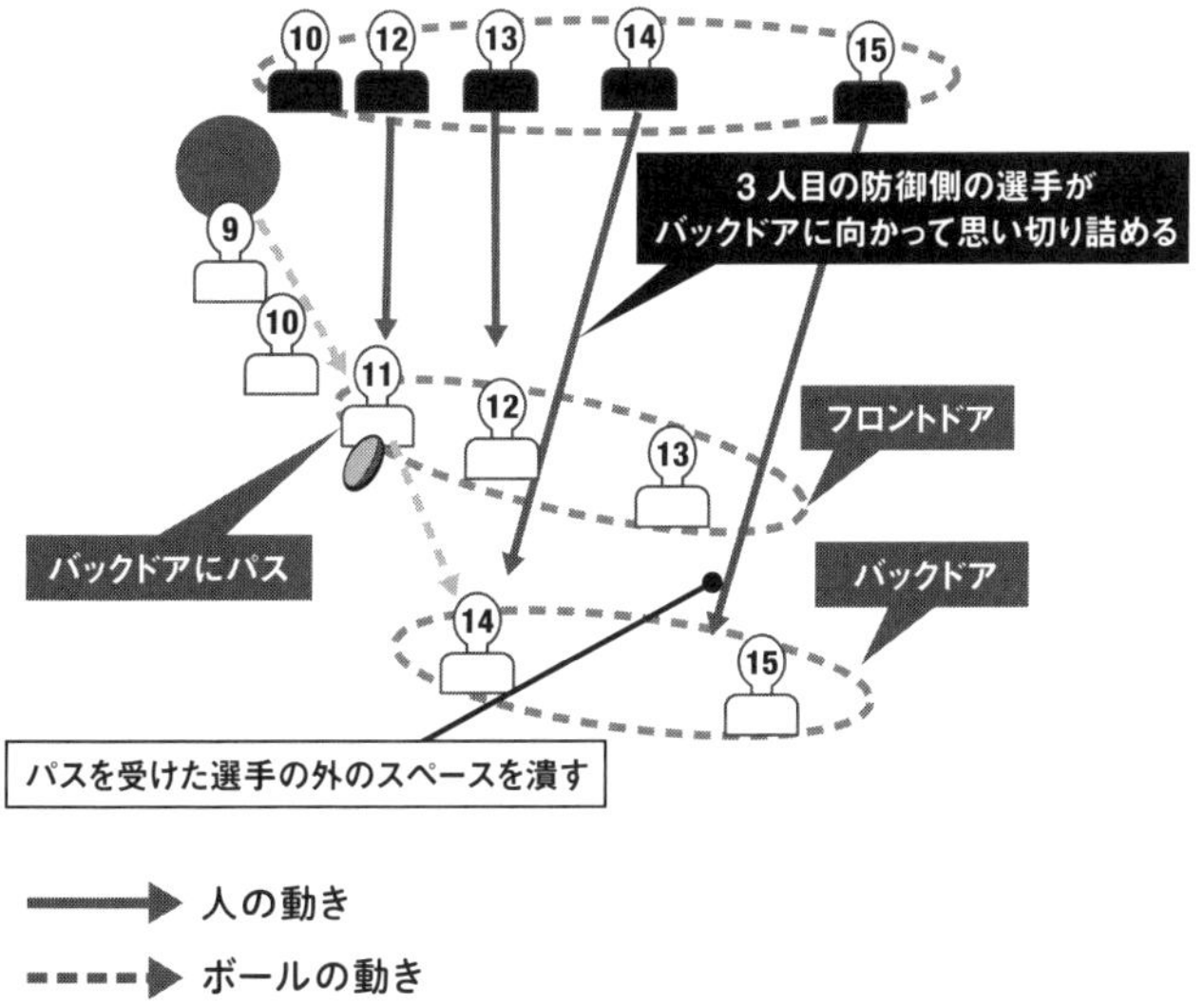

10
12
13
14
15
9
10
11
12
13
14
15
3 人目の防御側の選手がバックドアに向かって思い切り詰める
フロントドア
バックドアにパス
バックドア
パスを受けた選手の外のスペースを潰す
人の動き
ボールの動き

もっともわかりやすいラグビー戦術入門ガイド　目次

第2章

ラグビーの戦術を理解するための基礎知識

第3章

ラグビーの戦術を紐解く

第4章 2019年W杯日本大会での戦術

第5章

2023年W杯フランス大会で予想される戦術

第1章

ラグビーとはどんなスポーツかを知ろう

1 ラグビーの基本構造

CHECK 1 ラグビーは陣地取り合戦

ラグビーの戦術を理解するためには、何よりもラグビーとはどんなスポーツなのかを知る必要があります。まず、ラグビーの基本構造から解説していきましょう。

ラグビーは、ボールを前に運んでスコア（得点）を競い合うスポーツです。スコアするためには、「ボールをキープし続ける」ということと、ボールを手放しても「キックを使ってよりボールを前進させる」という矛盾した行為の選択が、選手の判断によって求められます。ボールのあるエリア（陣地）、防御の配置（フォーメーション）、攻撃の配置、風向きなど、さまざまな状況を加味して選手は判断していかなければなりません。何が正解かはわからないという意味で、ラグビーとは、起こる未来を予測する「意思決定」が求められるスポーツだと言えます。

そうした意思決定を行うために必要な「手がかり（情報）」を知っておくことが、プレーの選択の手助けになります。また、そうした情報はラグビーを観戦するうえでも、ラグビーの戦術を理解する手がかりになると思います。

一般的には、「スコアできる（得点）チャンス」と「スコアされる（失点）リスク」を考えたときに、自陣ではなく敵陣で攻防を進めたいと考えます。

自陣では、敵陣へ侵入するためにパスやキックをどのように使っていくかということを考えます。つまり、自陣における目的は「敵陣侵入」、敵陣における目的は「スコア獲得」となります。

さて、効果的にキックを使って前進するためには、相手のいないところにボールを蹴らなければいけません。

防御側が準備しているところに最初から蹴るのではなく、キックを警戒して下がっているバックラインの選手を前後左右に動かして、蹴るためのスペースをつくりだす必要があります。

通常、防御側はキックを蹴られるリスクを考え、2人から3人の選手が防御のラインより後方に下がってポジショニングしています。その分、防御側は前で相手の攻撃を止める選手の数が少なくなります。つまり、15対12（もしくは13）の戦いとなり、外側にスペースが生まれます。

攻撃側は、スペースにボールを運ぶことで、下がっている防御側の選手を前に動かすと、キックをするスペースが生まれます。そうした駆け引きが「陣地取り」には必要になってきます。

逆にいえば、敵陣だからといってキックを蹴らないようなゲーム運びをすると、防御側はキックを蹴られるリスクを考えずに防御することができるので、防御の的を絞りやすくなります。

地域によって優先順位はありますが、いろいろな選択肢を持って攻撃を組み立てることは、攻防を有利に進めるために必要です。

攻撃側と防御側による陣地取りの駆け引き

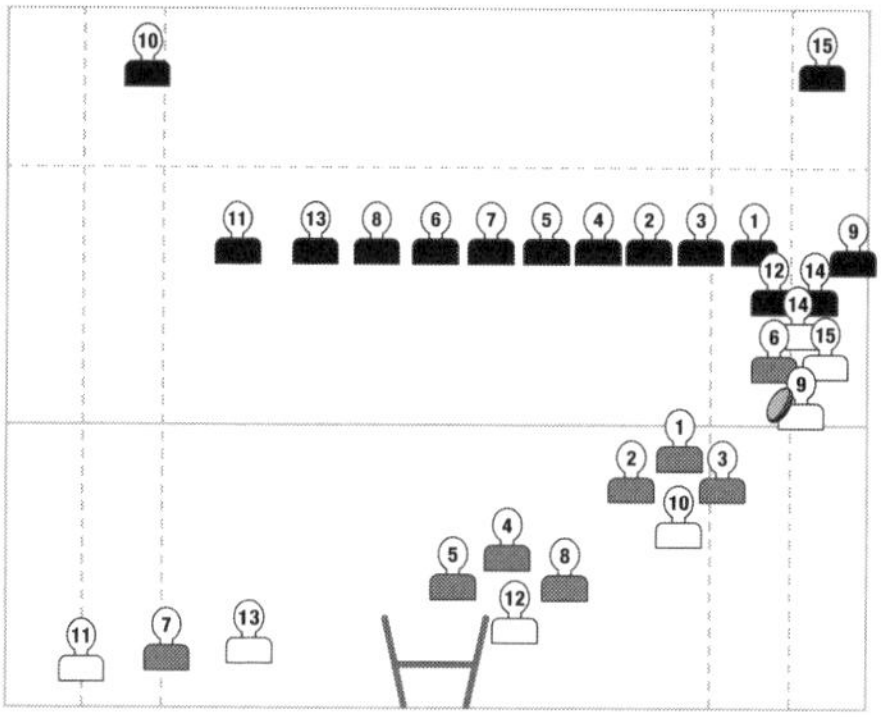

防御側は相手のキックに対処するために２人ないし３人がバックラインに下がっている

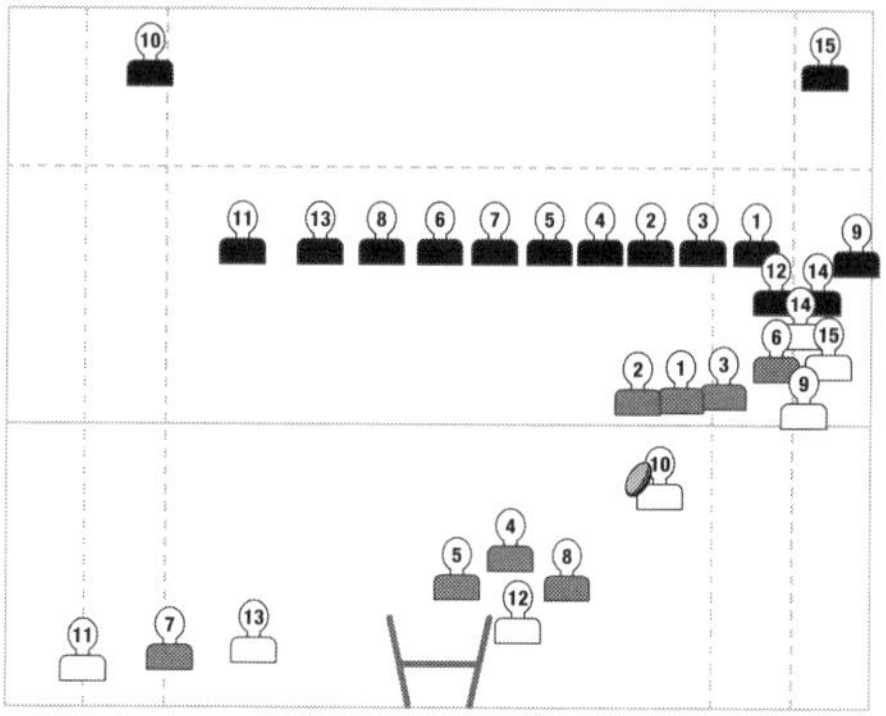

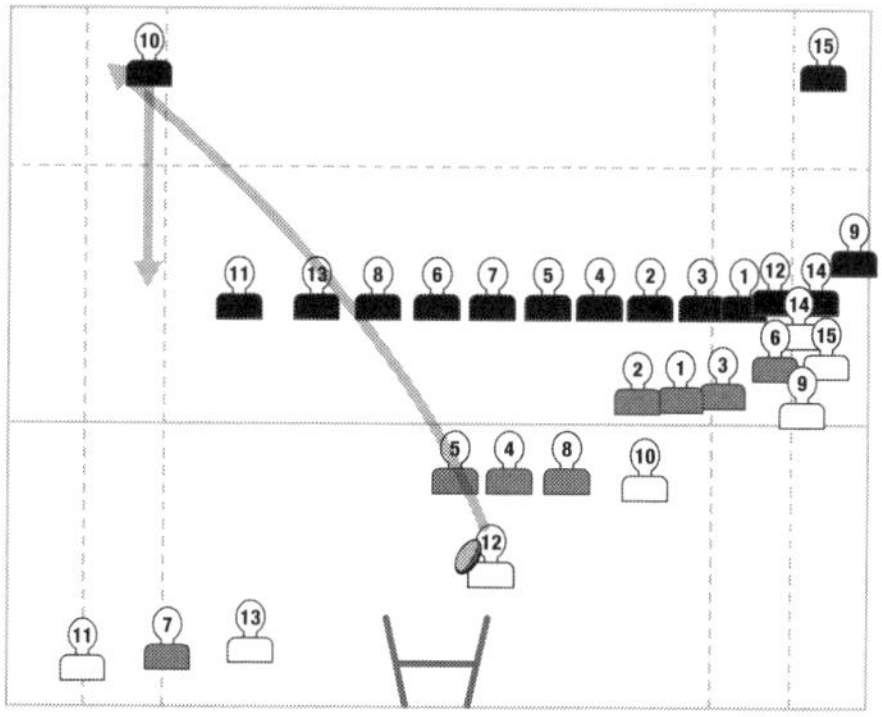

攻撃側はボールを動かすことで、下がっている選手を動かしてキックするスペースをつくる

POINT
陣地取りのためにどんな駆け引きをしているかに注目しよう

CHECK 2 ボールを前に投げてはいけない

ラグビーの根幹をなすルールに、ボールを前に投げてはいけない「スローフォワード」というものがあります。

このルールが大前提としてあるために、保持したボールを前に運ぶための手段は、前述したキック以外では、ボールを持って走る「ラン」になります。つまり、ボールを後ろに投げながら、ランで前進を目指すわけです。この点も、ラグビーというスポーツの大きな特徴の一つといえるでしょう。

防御側はそのランをタックルによって阻止しようとするので、攻撃側は防御側の選手がいないところへボールを横、もしくは後ろにパスすることで防御を回避しながら前進しようとします。

スローフォワードに基づく攻防

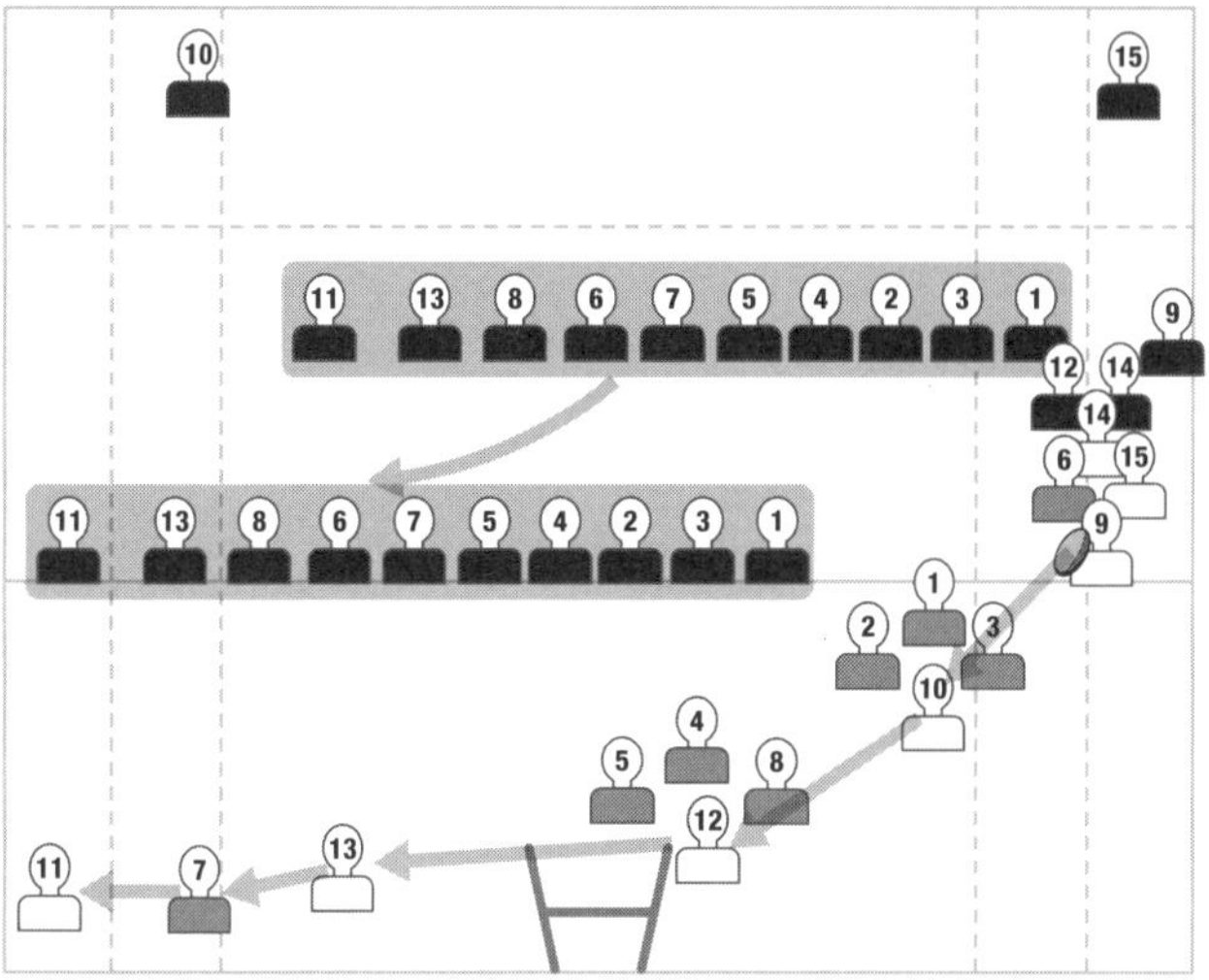

攻撃側はボールを横か後ろにパスしながら、空いたスペースに向かって前進を図る。これに対して防御側は横一線になって攻撃側にプレッシャーをかけて攻撃を阻止する

このスローフォワードというルールがあることで、防御側は横一列になって防御することが可能になります。

アメリカンフットボールやバスケットボールは、ボールを前に投げることが許されているスポーツです。特にアメリカンフットボールは、攻撃側に4回の攻撃権が与えられているため、その4回のなかでランやパスの工夫をこらして、得点をめざします。

これに対してラグビーは、攻撃（パス）を連続させることで、ボールを保持しつつ前進を図り、得点を目指します。

ラグビーは、このスローフォワードと、次項でふれる「オフサイド」というルールによって、おもしろさが形成されていくことになります。

POINT

どの場所をめざしてパスしているかチェックしてみよう

CHECK 3 オフサイドルール

ラグビーのもう一つの重要なルールに、「オフサイド」があります。

オフサイドとは、攻撃側も防御側もボールの争奪が起こる「ブレイクダウン」と呼ばれる場所の後方からでしかプレーできなかったり、ボールより前でプレーすることができなかったりするルールです。

前述したように、ボールを前に投げることはスローフォワードという反則になります。それでは、自分より前にいる味方選手にパスをすると、どうなるでしょうか。もちろん、この場合もパスをした選手はスローフォワードとなりますが、それと同時に、パスをキャッチした選手は味方よりも前でプレーに参加したため、オフサイドとなるのです。

ボールを前に運ぶための手段である「キック」も同様です。キッカーよりも前にいる味方選手がキックをキャッチすると、味方よりも前でプレーに参加したことになるため、オフサイドとなります。この反則を防ぐために、味方選手はキッカーよりも後方にポジショニングし、キックされたボールを後ろから追いかけなければなりません。

オフサイドルールの起源は、ラグビーのルールが成立する以前の原始フットボール時代にあります。

この時代では、地面にあるボールを蹴り合う「密集（現在でいうブレイクダウン）」に参加することが「男らしい」「勇敢である」とされていました。

しかし、この密集でのボールの蹴り合いは、単にボールを蹴り合うのではなく、相手のすねを蹴って痛めつけることが目的とされていました。そのため、靴先に鉄製の金具をつける者までいて、ケガ人も続出していました。

この行為は「ハッキング」と呼ばれており、のちに野蛮だということで禁止されることになります。しかしながら、ケガを恐れて密集に参加せずに、密集の前でボールが出てくるのを待っている選手は「卑怯者」だということで、密集より前にいる行為は「オフサイド」と呼ばれる反則になったのです。

ラグビーは、オフサイドがあることで、敵味方入り交じるサッカーとは違い、ブレイクダウンやボールを境に攻撃側と防御側が相対する構造となりました。その結果、観戦者が観やすいスポーツになったといえるでしょう。

ブレイクダウンにおけるオフサイドラインとオフサイドプレーヤー

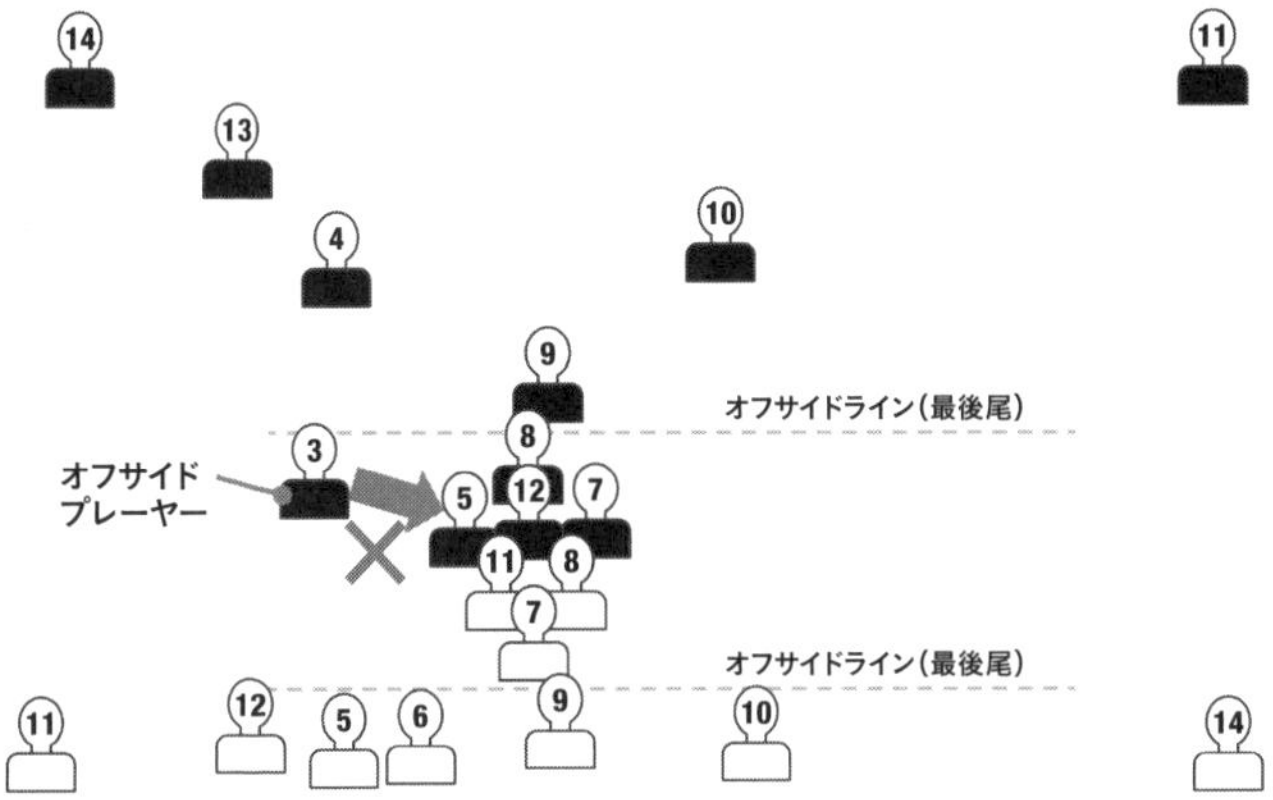

ブレイクダウンに参加している最後尾の選手のかかとの位置がオフサイドラインになる。攻撃側も防御側もオフサイドラインまで下がらなければならない。したがって攻撃側の③はオフサイドの反則をとられる

POINT 密集ができたときに密集の後方で攻撃側がどれくらい早くポジショニングしているかをチェックしよう

2 ラグビーにおける戦術とは

CHECK 1 オフサイドを逆手にとって防御の「隙」を突く

前出のオフサイドとスローフォワードのルールは、ラグビーのおもしろさを増幅させただけでなく、ラグビーの戦術を決定づけることにもなりました。

現在のように防御が高度に組織化する以前のラグビーでは、パワーやスピードのある選手が個人技で局面を変えるような突破したり、1本のパスでボールをスペースに運んだりすることが可能とされていました。

しかし、防御が高度に連携できるようになると、個人技やパスで局面を変えるようなプレーをすることがむずかしくなりました。

　そこで、攻撃側はオフサイドを逆手にとって、防御をくずすことを考えるようになりました。


　防御側は、攻撃側と同様にブレイクダウンより後ろでプレーしなければなりません。攻撃側がゲインライン（起点となる密集の中央からゴールラインと平行に結ぶ仮装の線）を超えると、防御側は後ろに下がってポジショニングをし直しますが、攻撃側がゲインラインを超えなくても、ブレイクダウンが発生すると、攻撃側と同じように防御側もそのブレイクダウンを基準にポジショニングをし直します。

　ブレイクダウンが発生してボールがパスアウトされるまでに時間がかかると、防御側のポジショニングに余裕が生まれますが、ブレイクダウンから素早くボールがパスアウトされると、防御側のポジショニングする時間がなくなります。

　攻撃側はブレイクダウンのボールを素早くリサイクルすることで、防御側のポジショニングを遅らせ、それを連続させることで攻撃側が突破できるスペースをつくりだすことができます。

ブレイクダウンの連続による防御の隙を突く攻撃の方法

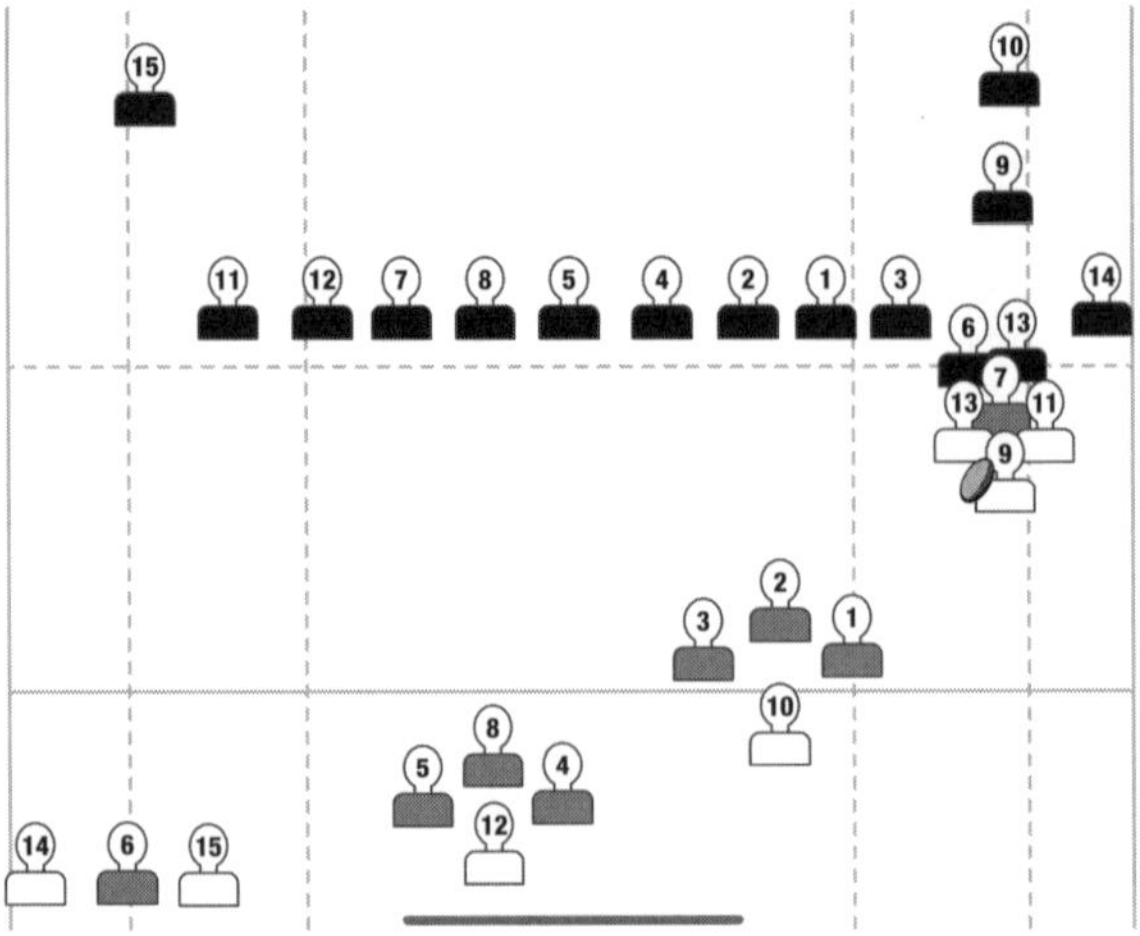

ブレイクダウンが発生すると防御側はブレイクダウンの後方へポジショニングしなければならない

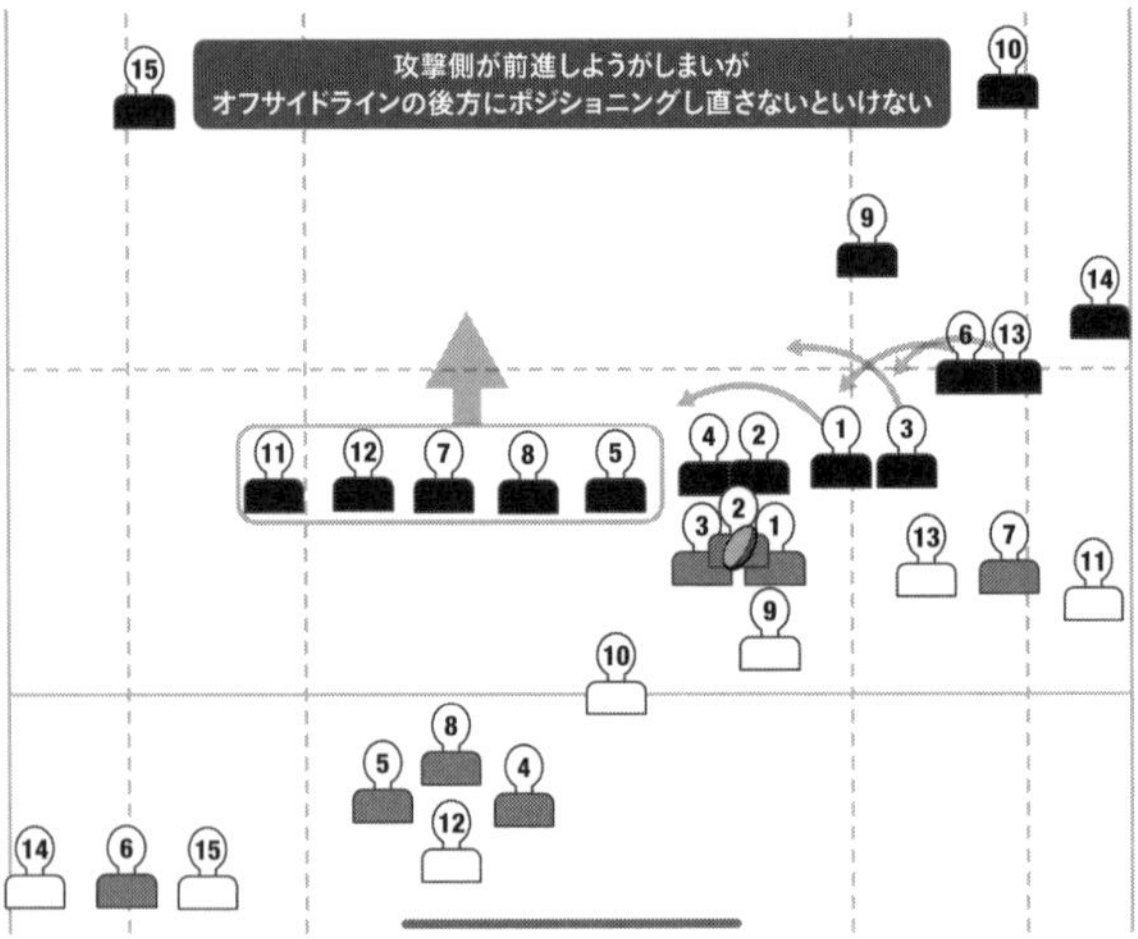

次もブレイクダウンができると防御側はさらに後方へ下がらなければならなくなる。攻撃側はそうしてできた防御の隙を突く

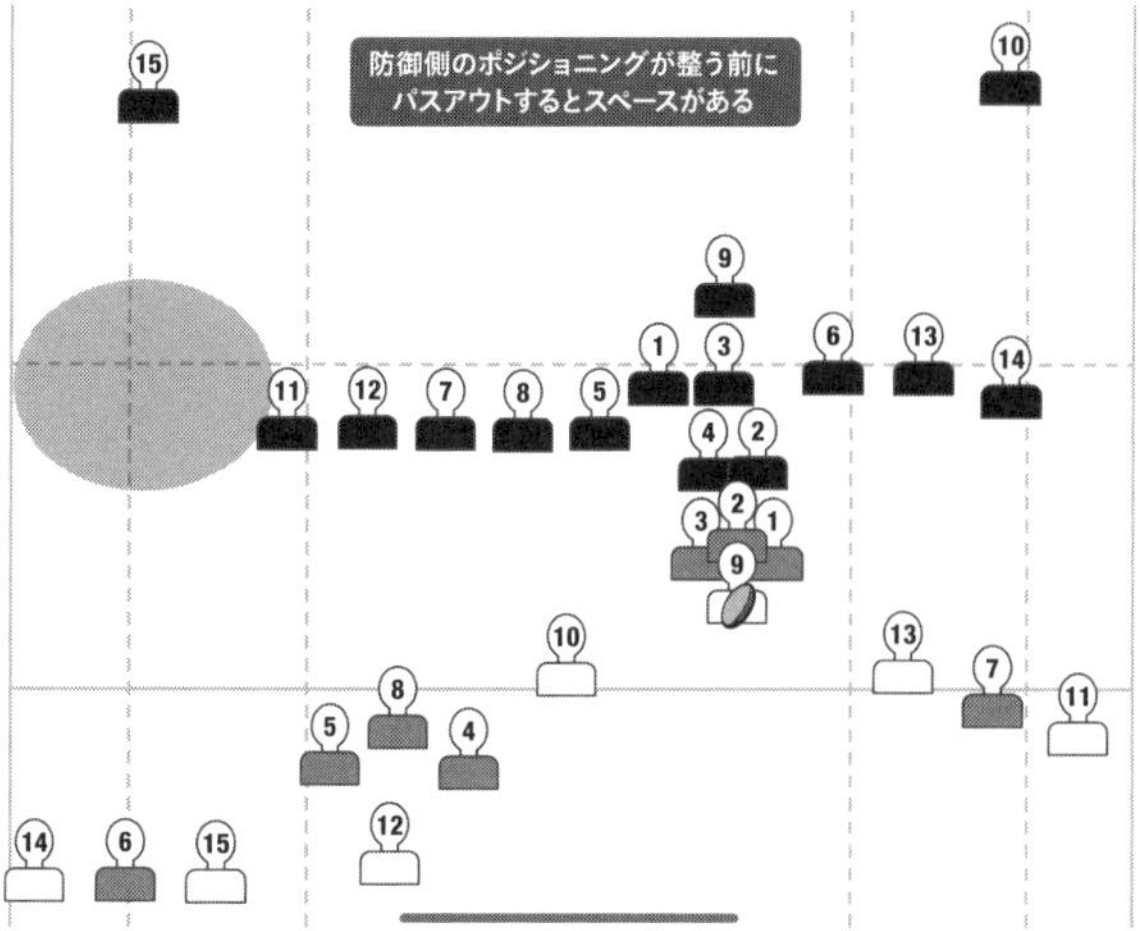
防御側のポジショニングが整う前に
パスアウトするとスペースがある

防御側のポジショニングが整う前にパスアウトをして空いたスペースを攻撃する

こうしてラグビーは、能力に長けた個人が突破するスポーツから、ブレイクダウンを連続させることで、防御側の「隙」をつくりだして突破を図るスポーツへと進化していきました。

POINT

ブレイクダウンで素早くリサイクルできているかをチェックしよう

CHECK 2 ラグビーの戦術の変遷

防御が組織化されておらず、個人技で防御をくずしていた時代は、おのおののチームの特徴が存在していました。

海外に目を向けると、フランスはボールを大きく動かす、見ている人をワクワクさせるような「シャンパンラグビー」、イングランドはキックを使った「保守的なラグビー」、フィジーはできるだけブレイクダウンをつくらず、ステップで相手を抜いていく「フィジアン・マジック」と呼ばれた「ランニングラグビー」など、わかりやすい代名詞が存在していました。

一方、国内では、明治大学が「重戦車フォワード」と呼ばれるフォワード（以下、FW＝背番号1～8）が縦に突進をくり返すラグビー、早稲田大学が対称的にバックス（以下、BK＝背番号9～15）がボールを大きく左右に動かすラグビー、慶應大学が「アップアンドアンダー」と呼ばれるハイパント（高く蹴り上げるキック）を中心としたラグビーと、大学ラグビーがわかりやすい特徴を押し出したラグビーをしていました。

1990年代に入ると、オーストラリアを中心に攻撃が組織化されていきます。その結果、「いつ、誰が、何をするのか」といった攻撃の方法をあらかじめ決めておく「シークエンス」が生まれます。

シークエンスは、事前に何をするのか、どこへどう攻めるのかがチームで統一してわかっているので、相手よりも早く動くことができ、防御側よりも先に攻撃を仕掛けることができます。

そのため、防御があと追いになることを利用したり、相手の裏をかいて攻撃したりすることで、防御を突破することができます。

しかし、この戦術は、防御側が攻撃側の思うとおりに動くことを前提としており、裏をかいたつもりが相手に読まれていたり、相手が予想とは違った動きをしたりといったことが起こります。

また、事前に攻撃の方法を決めておくにも限界があり、想定を超える攻撃数になると、そこからは単調な攻撃に終始してしまいます。シークエンスも5フェイズ（5回めの攻防）前後を想定してつくられているので、それ以内に防御を突破しないと、そこから防御をくずしていくのはむずかしくなります。

そこで、2000年前後に、サッカーのようにフォーメーションを決めておく「ポッド」が、ニュージーランドを中心に生まれます。

ラグビーはポジション（背番号）によって、FWはブレイクダウン、BKはパスやランというように、行われる「タスク（課された仕事）」が決まっていました。しかし、ポッドの誕生によって、ポジションにかかわらず、均一のスキルを求められるという戦術のパラダイム・シフトが起こりました。

ポッドの基本的な考え

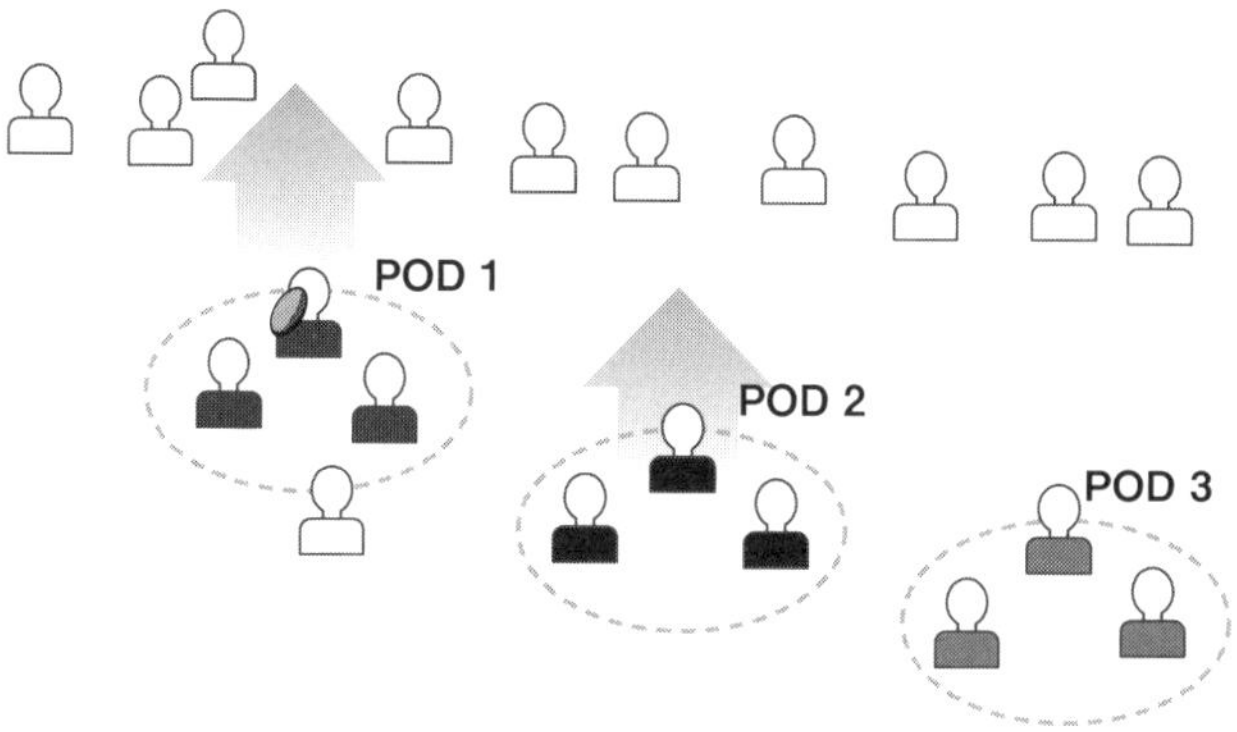

フィールド上にあらかじめ決められたユニットを配置しておき、そのユニット内でブレイクダウンをつくるのがポッドの基本的な考え。これにより防御側がセットし直す前に攻撃を仕掛けることができる

ポッドは、FW、BKが入り乱れてポジショニングするので、ミスマッチ（質的優位）を生みだすことができます。また、ブレイクダウンを基準に配置が決まっているので、オーバーラップ（数的優位）も生みだしやすいという特徴があります。

このポッドを基準にして、現代のラグビーの戦術の大半はつくられています。ポッドの詳細については、第2章で解説します。

POINT
シークエンスに限界が訪れてからはポッドが戦術の基準となっている

CHECK 3
エリアマネジメントとは

本章の冒頭で「ラグビーは陣取り合戦」と述べました。そして、陣地を取るためにキックを使うとボールを手離してしまう可能性があり、そこには選手の「意思決定能力」が必要だと述べました。

たとえば、自陣深くからキックを使わずにパスやランだけで攻撃した結果、もしも相手にボールを奪われると、一転してスコアされるリスクが高くなります。

そこで、相手ボールになる可能性はありますが、キックをうまく使って「攻防線」をより敵陣側にする必要があります。

大きく前進させたいときは「ロングキック」を使って、相手ボールになったとしても攻防線を前進させます。また、キック後にもう一度自分たちのボールにしたいときは、ロングキックのように大きく前進させることはできませんが、ハイパントをキャッチしにいくことで、ボールを再獲得できる可能性が生まれます。

このようにキックを使い分けてエリアを前進させる必要があります。

具体的には、グランドのエリアを表す横のライン（22メートルラインとハーフウエイライン）を利用して陣地取りを考えていきます。

この陣地取りの考えを「エリアマネジメント」と呼びます。

自陣ゴール前から自陣22メートルラインまでのエリアを「デンジャラス・ゾーン」、自陣22メートルラインからハーフウエイラインまでのエリアを「キッキング・ゾーン」、ハーフウエイラインから敵陣22メートルラインまでのゾーンを「アタッキング・ゾーン」、敵陣22

メールラインからゴールラインまでのゾーンを「フィニッシュ・ゾーン」と呼んで区別しています。

各エリアによって、キックを使うのか、パスを使うのか、その比率が異なります。デンジャラス・ゾーンではパス10％に対してキックが90％、キッキング・ゾーンではパス20％に対してキックが80％、アタッキング・ゾーンではパス80％に対してキックが20％、フィニッシュ・ゾーンではパス90％に対してキックが10％を基準に考えます。

この指標で注意したいのは、キックとパスの比率が、そのままプレーの選択に当てはまるわけではないことです。たとえば、キッキング・ゾーンではパス20％に対してキックが80％となっています。しかし、これは20％の確率でパスで攻撃して攻撃を終わらせるという意味ではありません。パスを使うのは、後ろに下がっているバックラインの選手を動かすためであり、キックを使うことを前提と考える優先順位としての割合が80％という意味となります。

アタッキング・ゾーンでは、パスでスコアを狙ったり、さらに前進してフィニッシュ・ゾーンへの侵入を考えたりします。しかし、防御ライン後ろにスペースが生まれ、敵陣深く

エリア別のキックとパスの割合

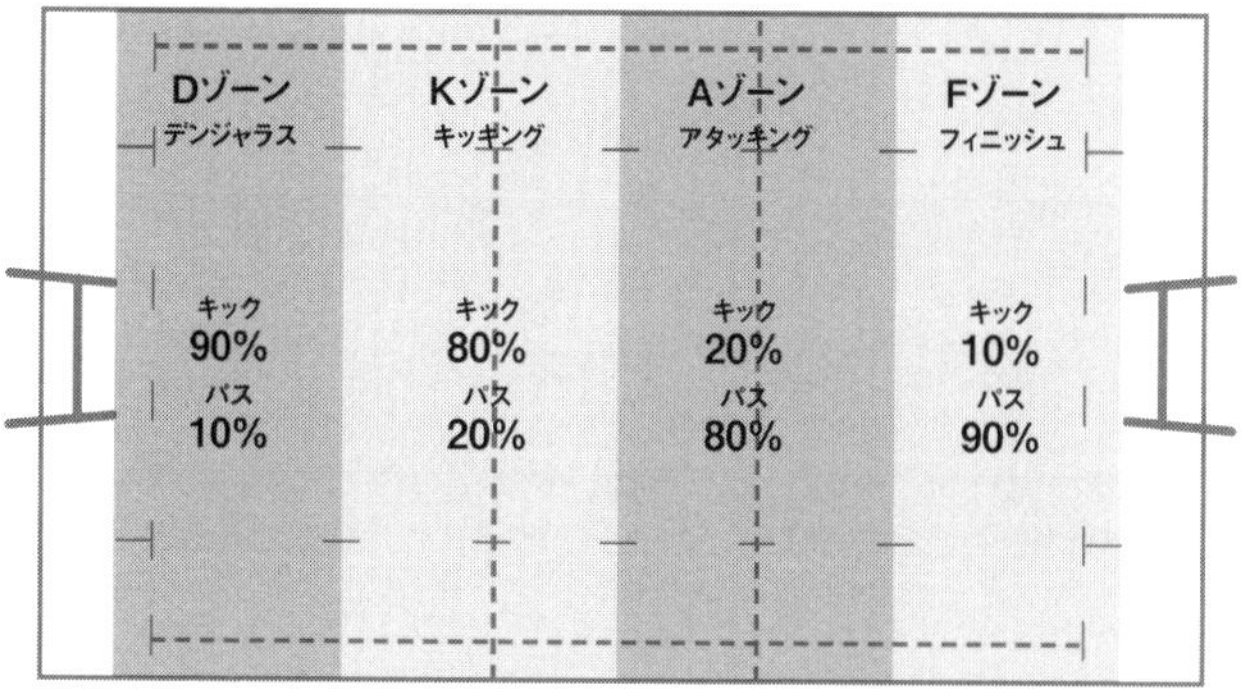

デンジャラス・ゾーンではパス10%に対してキックが90%、キッキング・ゾーンではパス20%に対してキックが80%、アタッキング・ゾーンではパス80%に対してキックが20%、フィニッシュ・ゾーンではパス90%に対してキックが10%を基準に考える

に侵入できたり、再獲得の可能性が生まれたりすれば、キックを使います。キッキング・ゾーンでは、パスで後ろにスペースが生まれなくてもキックの優先度が80％もある（自陣で攻撃を続けるのはリスクがある）ので、キックを使いますが、アタッキング・ゾーンやフィニッシュ・ゾーンでは、チャンスがない限り、キックを使うことはスコアの機会を逃すことになります。

この基準は、チーム事情（パスよりキックのほうが得意である）や相手チームの事情（キックを警戒して後ろに人を多く配置している）などによって変わってきます。

POINT

エリアによってパスを使うのかキックを使うのか、その選択に注目しよう

CHECK 4 新ルールの採用によって上がるキックの比率

2021年8月から、いくつかの新ルールが試験的に適用されることになりました。そのなかでも、ゲームの構造に大きく影響を与えたのが、「50／22ルール」と「ゴールラインド

ロップアウト」です。

これまでのルールでは、どのエリアからのキックでも、ボールが地面でバウンドしてからタッチラインを出た場合には、タッチを割った時点でキックを蹴った相手側ボールのラインアウトとして試合が再開されていました。しかし、50／22ルールの採用により、自陣内からキックしたボールが相手陣22メートルラインより内側でバウンドしてタッチを割った場合、タッチを割った地点でキックを蹴った側ボールのラインアウトとして試合が再開されるようになりました。

また、攻撃側が蹴ったボールが相手インゴールに入り、防御側がボールを先に押さえた場合、これまでは、防御側の22メートルラインの内側からドロップキックを蹴る「ドロップアウト」が採用されていました。しかし、「ゴールラインドロップアウト」に変更となったことにより、防御側は自陣インゴールからドロップキックを蹴らなければならなくなりました。

いずれの新ルールも、キックによって攻撃側が有利になることから、キックの比率は大幅に上がってきています。

POINT
新ルールを覚えるとキックの意図がよりよくわかる

50/22 ルール

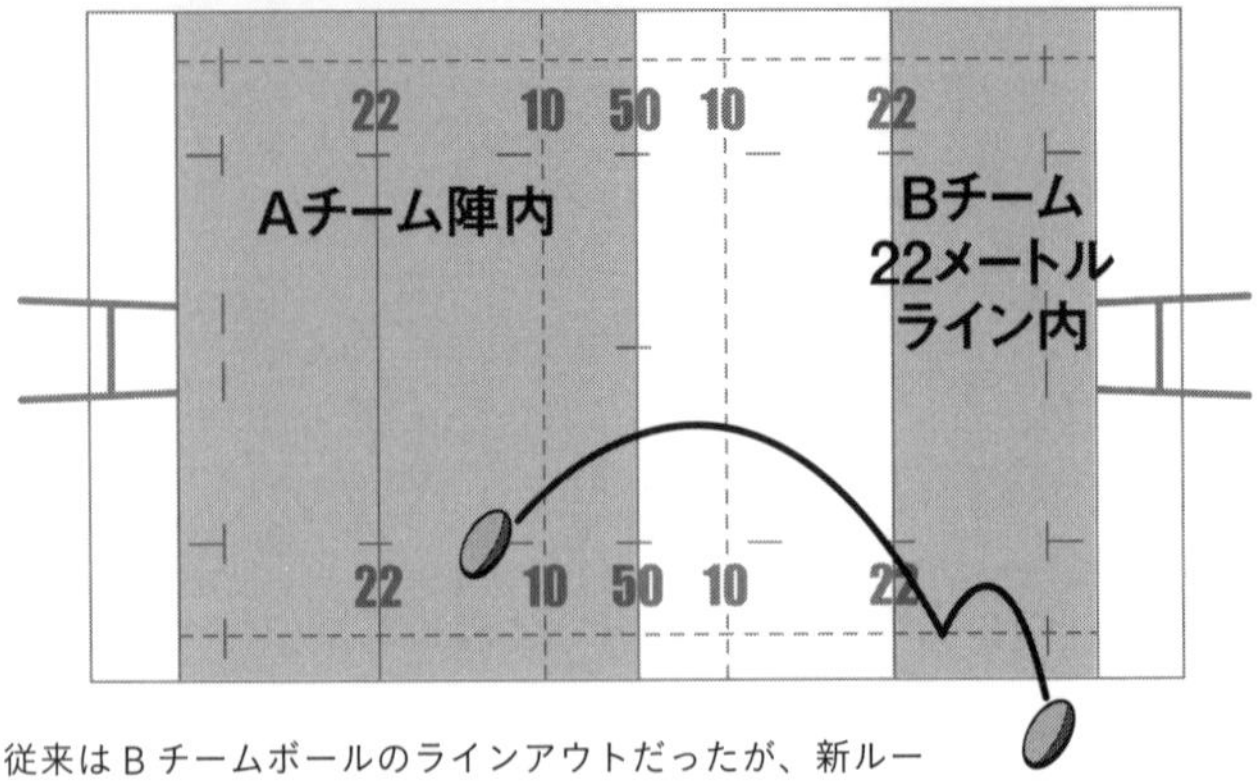

従来はＢチームボールのラインアウトだったが、新ルールによって攻撃側が有利になり、キックの比率が大幅に上がった

ゴールラインドロップアウト

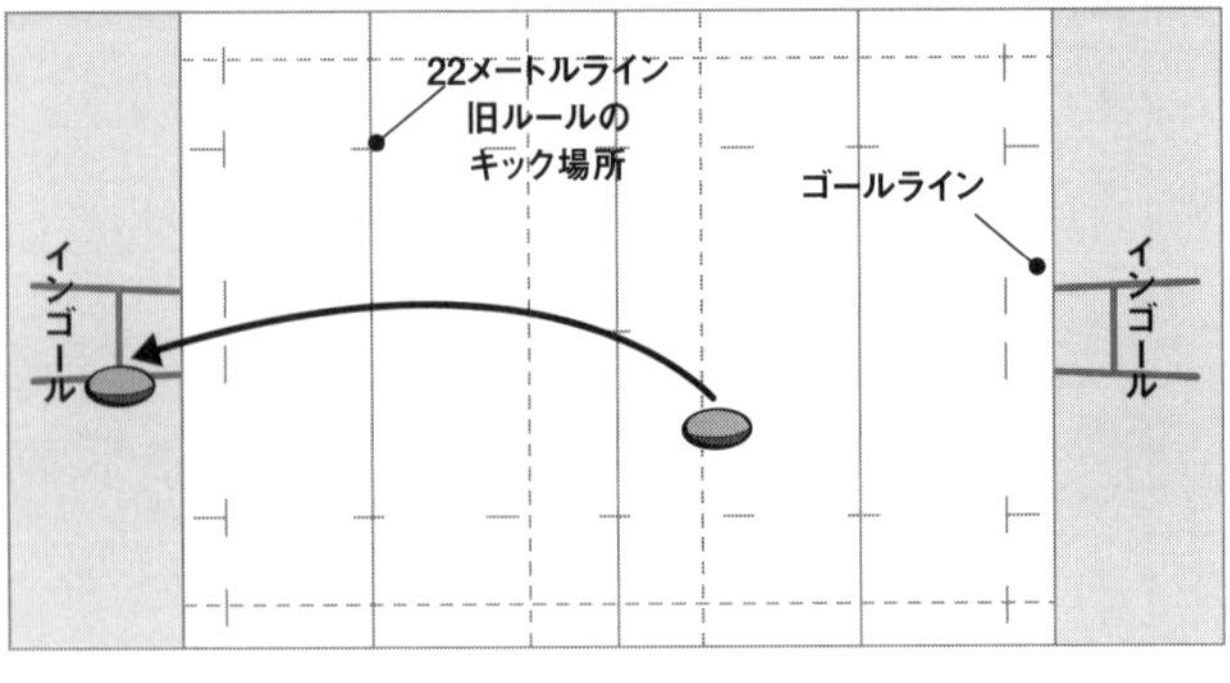

従来は22メートルラインの内側からのキックだったが､インゴールからのキックに変更となり、やはり攻撃側が有利になった

CHECK 5 反則に対する考え方

ラグビーの反則は、「ボールやブレイクダウンより前でプレーするオフサイド」「危険なプレー」「密集からボールを出すことを妨害するプレー」の三つに大きく分けることができます。

オフサイドについては、ブレイクダウンやボールより前でプレーすること以外にも、ブレイクダウンに参加する位置やブレイクダウンからボールが出たかどうかの判断なども関係してきます。

「危険なプレー」とは、肩より上にタックルする「ハイタックル」やバインド（腕を使って相手と密着すること）をせずにタックルする「ノーバインドタックル」などタックルに関すること（タックルの高さに関して試験的ガイドラインの導入があり、リーグワンを除くすべてのカテゴリーで、胸骨より下にタックルに入らなければ反則となります）や、ブレイクダウンなどコンタクトに関することが多くあります。

©Getty images

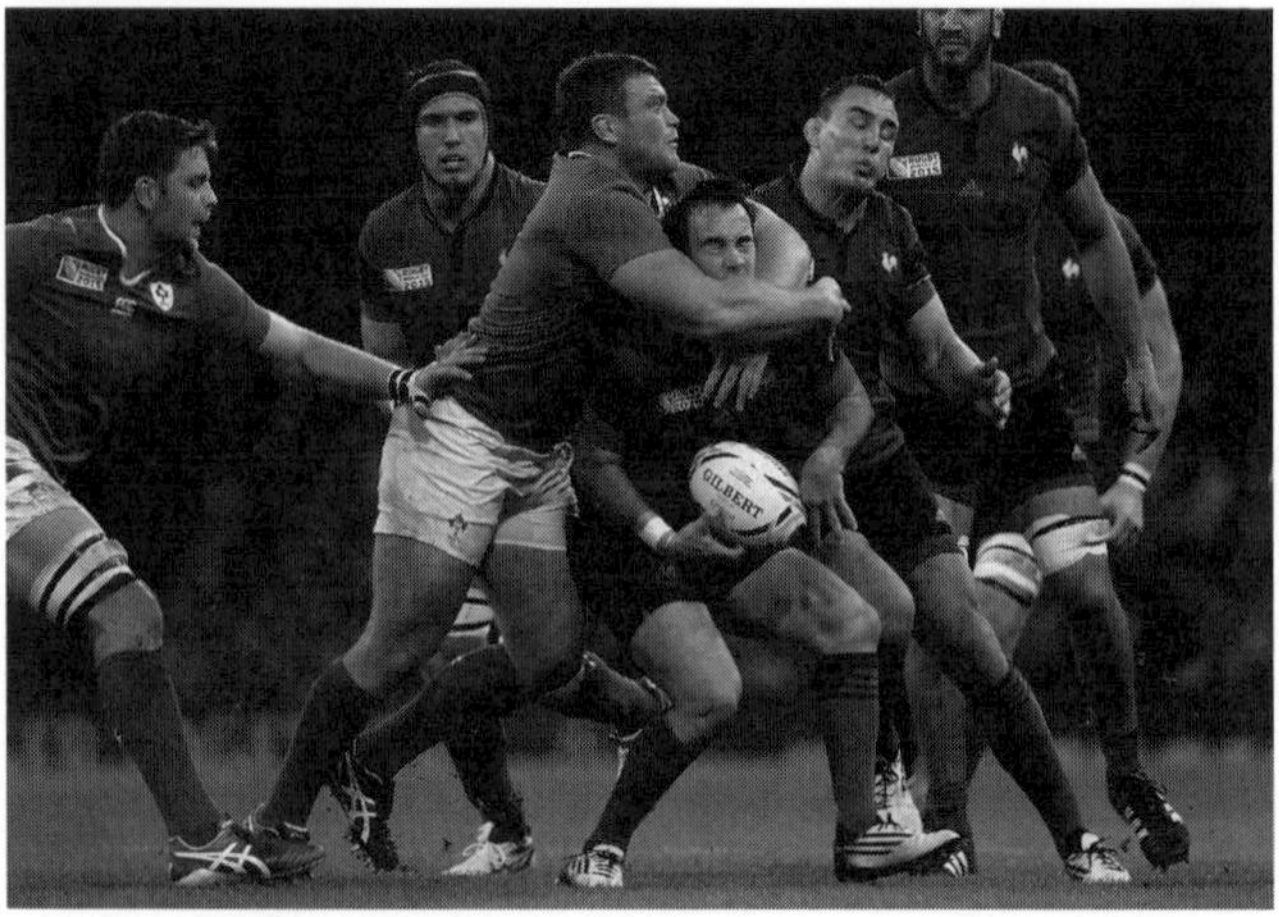

自陣での反則は失点に直結しやすい

「密集からボールを出すことを妨害する」というのは、タックラーがボールを離さなかったり、ボールを出すときの邪魔になっていたりといった防御側の反則だけではありません。攻撃側でも、タックルされた選手がボールを離さずに、防御側の選手がボールを奪い返すのを阻止する場合などは反則をとられます。

プレイ中に相手が反則をおかすと、キックで大きく陣地を前進させたり、地域によってはそのままペナルティーゴールを狙ったりすることができます。

ラグビーは、トライを競い合うスポーツではなく、得点を競い合うスポーツです。したがって、ペナルティーをもらったときには、すべてトライを狙いにいくのではなく、ペナルティーゴールを狙うという選択肢も常に持っておく必要があります。

トライに固執《こしつ》して、ペナルティーゴールを狙わずに得点を積み重ねられないといったことがないように、どのくらいの時間と点差であればゴールを狙うのか、はたまたトライを狙うのかといった「意思決定」基準を明確にしておくべきです。

POINT

ラグビーはトライを競うスポーツではなく、スコアを競うスポーツ

子どもたちに戦術を伝えるには〝言語化〟と〝具体化〟がいちばん大切

育成年代と呼ばれる高校生にとって、ラグビーの〝戦術〟はどの程度重要なのか——。東海大大阪仰星を率いる湯浅大智監督にアプローチの仕方や指導法を伺いました。

湯浅大智さん
（東海大学付属大阪仰星高校 ラグビー部　監督）

ゆあさ・だいち　1981年9月8日生まれ、大阪府出身。中野中から東海大仰星（現・東海大学大阪仰星）に入学。高校3年時には主将として同校初の日本一に貢献。その後、東海大学へ進学し、卒業後は東海大仰星で保健体育教師として教鞭をとるかたわら、ラグビー部のコーチを務める。2013年より同校の監督に就任。就任初年度の2013年の全国高校ラグビー大会で優勝。以後2015年、2017年、2021年と、指導者としてこれまで4度の日本一に輝く。

戦術そのものを学ぶ前に、ラグビーの原理原則を理解する

——まずは戦術の話から聞かせてください。ラグビー選手として、高校生の段階でどの程度〝戦術〟を落とし込んでいく必要があると感じていらっしゃいますか。

湯浅　戦術そのものを教え込んでいくことはとても重要です。ただ、その手前の段階でラグビーそのものの原理原則、ラグビーの本質を理解させないと、そもそも戦術の意味もわ

からない。具体的に言うと、「ボールの争奪」であるということ。さらにボールの争奪におけるコンタクトの「格闘技的な要素」。さらに、ボールを扱う「ボールゲーム的な要素」。また、争奪からは少し離れますが「陣取り合戦の様相」。これらをしっかりと理解できるようにティーチングする必要があります。

――ゲームの構造を落とし込んだあとに、細かな戦術に入っていくイメージでしょうか。

湯浅　戦術といってもチーム戦術とグループ戦術、それにおける個人戦術＝スキルがあります。この段階をどう理解させるか。「このスキルはこのグループ戦術のためにあって、このグループ戦術はこのチーム戦術のためにある」という部分ですね。チーム、グループ、そして個人がしっかりとラグビーの構造を理解する。それが重要だと考えています。

――チーム戦術、グループ戦術、個人のスキルは、どのようなバランスで練習されるのでしょう。

湯浅　私の考え方ですが、「東海大大阪仰星のラグビー」が決してすべてではないんです。なので、まずは個人のスキル。特にボディコントロールとボールコントロールですね。これができていないとグループになったときにしっかりと力を発揮できないので、7割以上を個人のパフォーマンスを上げることに費やしています。

残りの3割をグループ、そしてチーム戦術に割くわけですが、これには別の理由もあります。仰星が抱えている課題でもあるのですが、グラウンドが半面しかないんです。さらに、中高一貫で活動しているので中学1年生から高校3年生までが一緒に練習する環境でもある。となると必然的に、チームとしての練習がなかなかできないという現状もあります。

——チームが置かれている環境もティーチングやコーチングには影響してくるわけですね。

湯浅　はい。チームの部分は座学でしっかりと想像させて、そこから切り取るような形で個人やグループ戦術に費やしていく。そこが基礎になることで、たとえば次のステージや違うチームで、違うコーチングを受けたときにしっかりと対応できるようにする。ベースを作っていくことが、私としては今やるべきことなのかなと。そういう世代を預かっているのだと思っています。

——高校を卒業してもラグビーを続けていく選手のために、土台作りをされているわけですね。個人のスキル、さらには戦術を選手たちに伝えるうえで、心がけていることがあれば教えてください。

湯浅　まずは言語化をきちんとする。そして、具体化することです。「なんとなくこのあたりに立つ」ではなくて、そこに立つ理由、角度、足の向き、目線の向きも含めてすべてを具体化することを大切にしています。そうすることでチーム内に共通言語を持つこ

とができる。それをしっかりと作ったうえで戦術そのものも言語化、具体化していく。

――共通言語を作ることで、戦術やシチュエーションの理解も一気に高まりますよね。

湯浅　いつも大事にしているのが「伝える」ではなくて「伝わる」かどうか。伝えるだけだとこちらが発信して終わってしまうんです。教育の段階を考えると、「無知の無知」「無知の知」「知る」「わかる」「行う」「できる」「教える」となります。教えることができる人は、すでに「できる」わけです。なのでセルフコーチングがしっかりできるチームが理想ですよね。こちらからティーチング、コーチングして、次は選手同士でコーチングをして自分たちで成長できる環境を作ってあげることが大切になるかなと。

――選手同士がセルフコーチングできる環境であれば、なおのこと「振り返り」のセクションもすごく大事になってくるんじゃないかと思います。

湯浅　「振り返り」については全体に促すというより、上級生に対して、「今日の練習のストーリーはどうだったのか」「その中で押さえなければいけないポイントは何だったのか」「そのポイント、一つひとつのスキルや練習に対してかけなければいけない言葉はなんだったのか」を問いかけるようにしています。

――全体ではなく、上級生に対して行うのはどのような理由からでしょうか？

湯浅　先ほどもお伝えしたように、ウチは中学生から高校生までが一貫して練習しています。人数も多いうえに年齢差もあるので、全体にアプローチすると少し「薄まってしまう」んですね。もちろん、必要に応じて全体に伝えることもあります。ただ、可能な限り上級生に投げて、指導者と双方向でしっかりとコミュニケーションをとれるように意識しています。

――では、選手起用において「戦術理解度の高さ」はどの程度重視されていますか？

湯浅　ユニオン（15人制）で言えば1番から15番まで、理解度は絶対に必要です。理想とするところは全員がスタンドオフであり、フランカーであるチーム。その中でスペシャルな

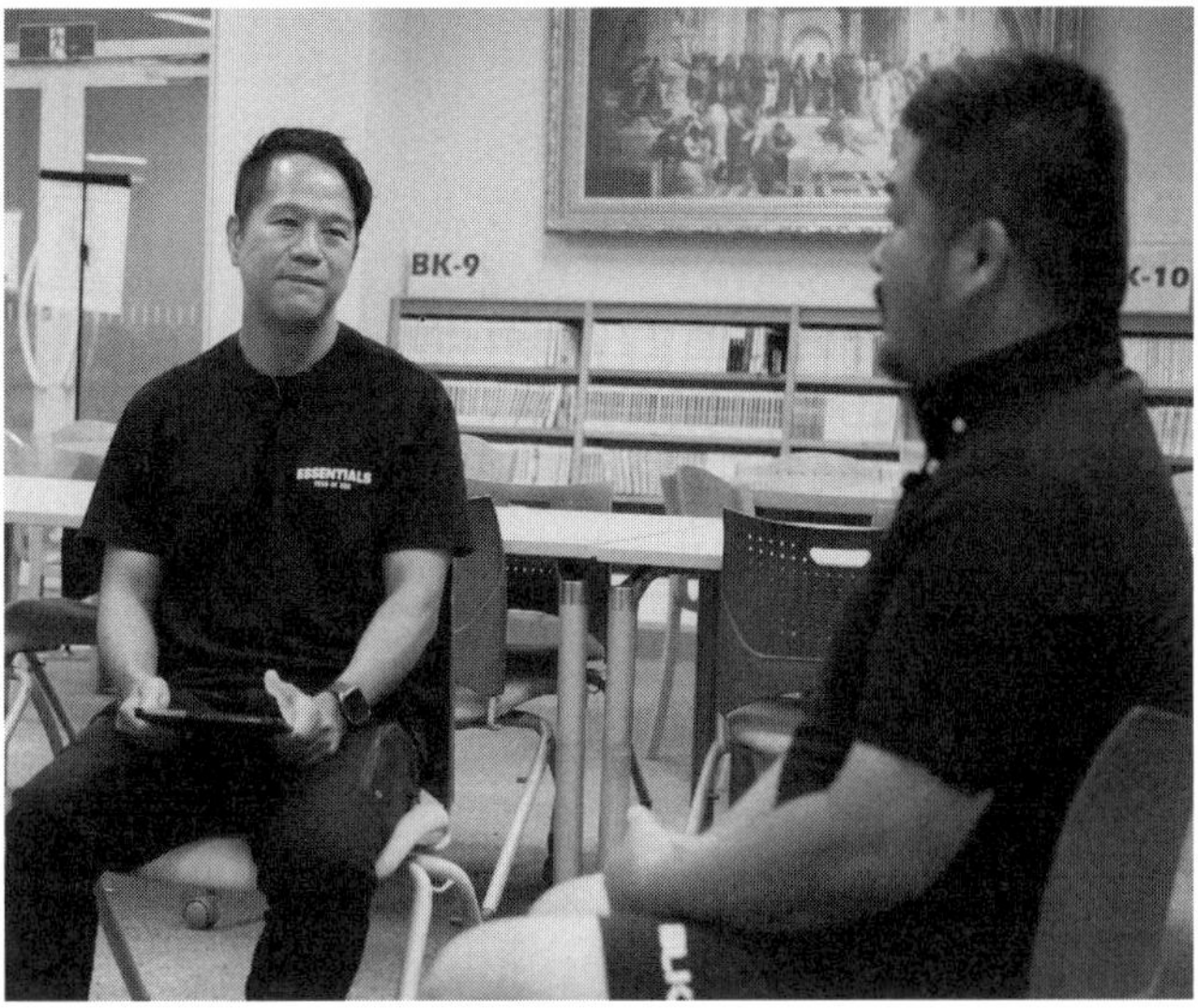

スキルや考え方、再現性を持っている選手がそれぞれの番号を付ける感じでしょうか。

グラウンドに立つ時点で、どんな人間になるか完結させてほしい

――湯浅先生のコーチング哲学も聞かせてください。部活動を通してどんな選手、どんな社会人になってほしいと考えているのでしょう。

湯浅　私自身もいつも公言していますが、目配りと気配り、心配りと思いやりを持ってほしい。そのうえで「チームファースト」ですね。所属するチームのことを考えることがで

きる。そして素直さ、謙虚さ、ひたむきさを持って社会や世界の平和に貢献できる人財になってほしいという思いが根幹にあります。

――ラグビーを通して、そういう社会で生きるスキルを身につけることができる、と。

湯浅 ラグビーという競技そのものが、「人生1回分」みたいなものです。ボールは常に先頭にしかないですし、それを託すのはいつも後ろにいる人間。たとえば「会社」で考えたとき、いちばん前でボールを持っているのが社長。そのボール＝大事なモノを託すのであれば、しんどいから渡すのではなく、相手が生きるから託す必要がある。自分が身体を張ってでも、託した相手を生かす。先頭を走る人間とは、そうでなければいけません。託

される側の人間も、自分の役割、立ち位置、自分ができることを探さないと、良い形でボールを受け取れません。また、前のエリアを取ろうと思ったらキックというオプションを使いますが、そのためにはボールを手放さなければならない。そういう場面も時には人生にあります。

ただ、「スキル」そのものでいうと、私はグラウンドでラグビーの練習をして上手くなるのはラグビーだけだと思っています。むしろ、上手くなるのはラグビーだけにしてほしい。つまりグラウンドに立つ時点で、もうどんな人間になっているかを完結させてほしいんです。

——そのうえで勝利を目指していくわけですね。

湯浅　チャンピオンシップであれば目標は勝利です。ただ、一方で登録の人数は限られます。学校ですから勝利とは別に「どんなクラブになるか」を全員で目指していきます。

仰星はチームとクラブ、両方の目標を立てるんです。チームの目標は当然日本一。これも私が立てているわけではなく、みんなが日本一になると決めているから大会にもエントリーします。一方で、クラブとしての存在意義もある。毎年、3年生にはどんなクラブになろうとしているのかを立ててもらうんですが、私はそこに一切関与しません。目標に対しての10箇条を作るのですが、それを立てることでたとえ試合に出ていなくても、「10箇条のこれ、今できているか？　忘れていないか？」とクラブ全体で共有できる。

——試合に出られない選手がどれだけかかわれるかって、すごく大きいし、むずかしいテーマですよね。

湯浅　プロの集団でも当然必要なことですけど、学校という場所、高校生という未熟な人間が集まる場所だからこそ、そういう人と人の縁は大切ですし、それを繋げるのが教員の仕事でもあります。高校生は、まだまだ子どもです。だからこそ、思い切ってはみ出してほしい。「はみ出ているよ」と教えるのは大人の役割ですけど、先に言い過ぎると結局はその中でしか生きられなかったり、集まれなかったりする。高校生はまだまだチャレンジできる年代なので、そこはこれからも大切にしていきたいと思います。

第2章 ラグビーの戦術を理解するための基礎知識

1 セットプレーの基礎知識

前章までを読んで、ラグビーとはどんなスポーツであるかが理解できたと思います。本章では、そこから一歩踏み込んで、ラグビーの戦術を理解するための基礎知識について解説していきます。まずはセットプレー（ボールと人を決まった形に配置して試合を開始または再開するプレー）から始めましょう。

CHECK 1 スクラムの基礎知識

スクラムとは、ノックオンやスローフォワードなどの軽い反則があったときに、ゲームを再開するための手段です。

FW8人が組み合うので、70メートル近い横幅のスペースをBKで攻撃することができます。

とくに自陣では、防御側の選手はキックを警戒して下がってポジショニングしているので、少人数でのオーバーラップを生みだすことができ、攻防を優位に進める重要な起点といえます。

たとえば、同じ「2人のオーバーラップ」でも、横幅70メートルのフィールドにおいて、フィールドプレーでの「12対10」の状況と、スクラムでの「7対5」の状況とでは、スクラムからの「7対5」である少人数でのオーバーラップのほうが圧倒的に有利といえます。

POINT
スクラムは少人数でのオーバーラップを生む重要な起点

CHECK 2 ラインアウトの基礎知識

ラインアウトは、ボールがタッチラインの外に出たあとの再開の手段です。各チーム2人以上の選手が、マークオブタッチ（タッチに出たポイント）でタッチラインと直角に1列ずつ並び、ボールを出したチームの相手側の選手が、2列の中間に投げ入れたボールを互いに取り合います。

スクラムとラインアウトを比較した場合、スクラムが攻撃側のほうが有利なのに対して、ラインアウトは防御側にも攻撃に転じるチャンスがあります。一般的に利き足が右足の人のほうが多いので、スクラムの攻撃側の左側から投入されたボールは、必然的に攻撃側の選手のほうがキープしやすくなります。しかし、ラインアウトの場合は、攻撃側も防御側もまったくのイーブンの状態でボールを取り合うからです。

そのため、ラインアウトでは、攻撃側はさまざまなムーヴ（サインプレー）を使って、ボールの獲得を狙います。

ラインアウトに並ぶ選手の数の選択権は攻撃側にあります。そのため、ラインアウトに並ぶ人数を少なくして、残りのＦＷの選手をＢＫラインに入れて攻撃に参加させたり、人数を増やして、ボールキャッチ後にモールを組んだりします。

ラインアウトはＦＷが一ヵ所に立った状態で集まっているので、モールを組むのに適しており、とくにゴール前では得点手段としてラインアウトモールを選択するチームが多く見られます。

ラインアウトからの攻撃のパターン

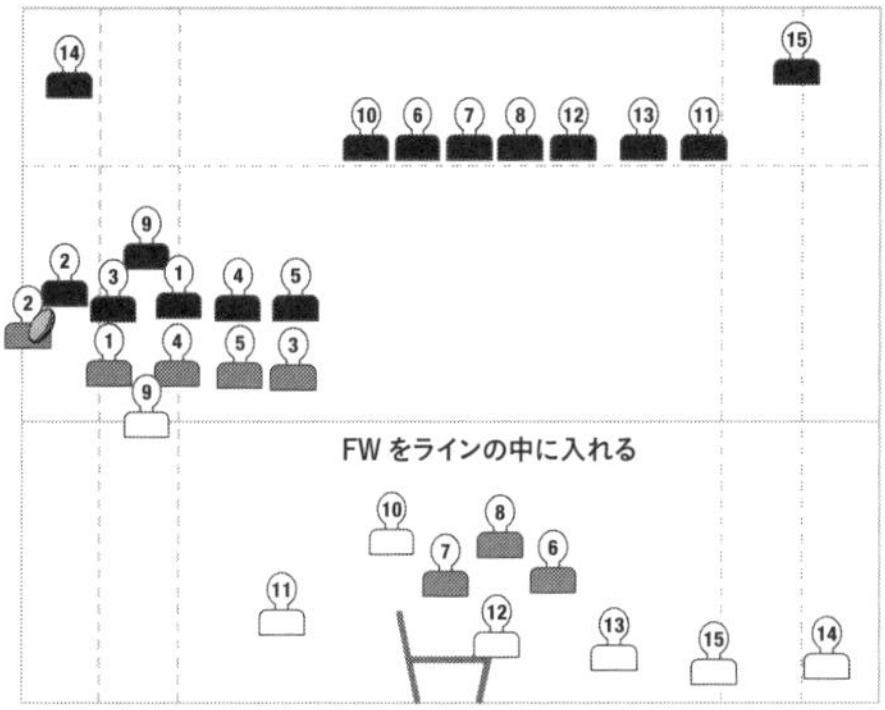

ラインアウトに並ばない FW を BK ラインに入れる

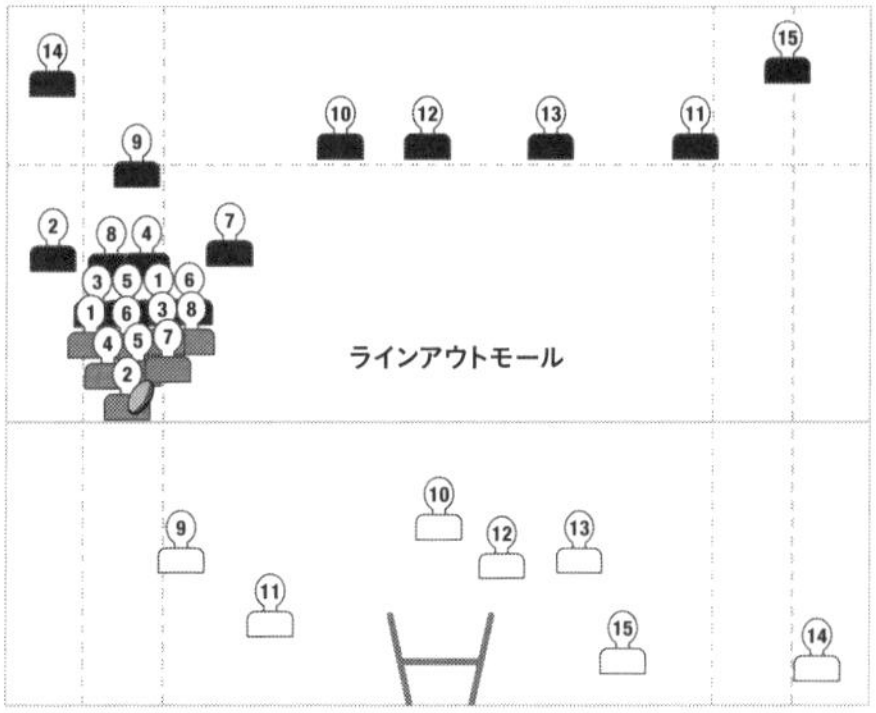

ラインアウトモールを組んで前進する

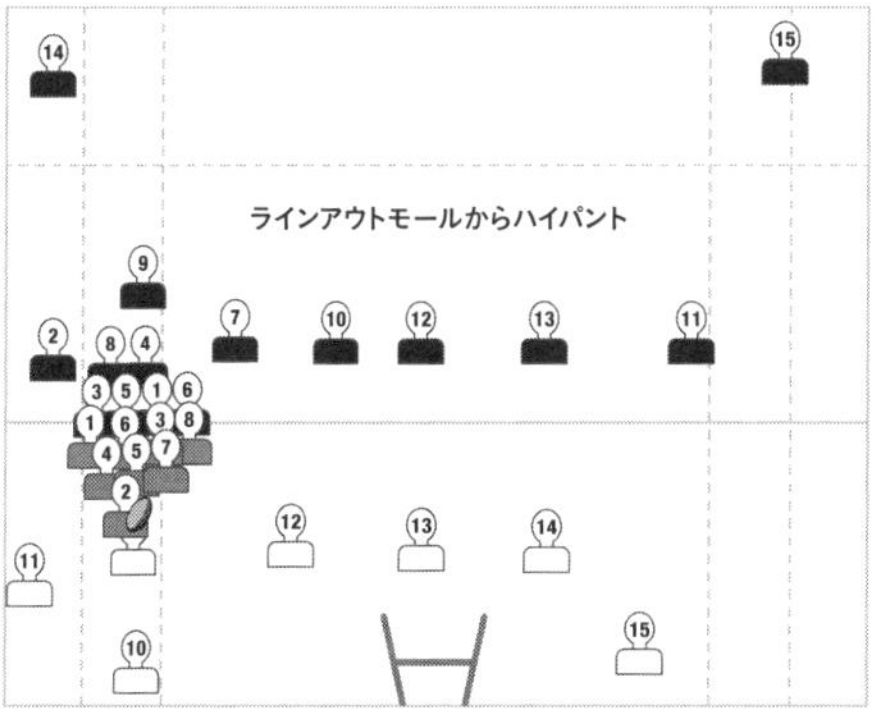

モールから SH がハイパント

また、ラインアウトモールを組むことは、スクラムハーフ（以下、ＳＨ）からのキックにも適しています。

スクラムのオフサイドラインがスクラムの最後尾から5メートル離れた地点であるのに対して、ラインアウトではマークオブタッチから10メートル離れた地点がオフサイドラインになります。モールがマークオブタッチを超えると、ラインアウトは終了（解消）となりますが、それでもモールに参加している最後尾の選手の足とゴールラインに平行な線がオフサイドラインとなるため、ラックのオフサイドライン（ラックの最後尾の選手のかかとの位置）よりは、オフサイドラインを下げることができるのです。

そのため、自陣でラインアウトモールを組むことは、ＳＨからのキックを使ううえで有効な手段といえます。

POINT

ラインアウトはモールを組むのに最適なセットピース

CHECK 3

キックオフの基礎知識

キックオフは、前後半の開始時ならびにスコアがあったあとに、ハーフウエイラインの中央からボールを蹴って試合を開始または再開するプレーです。スコア後のキックオフは、スコアされたチームがキックを蹴ります。

キックオフの際、キックを蹴る側には三つの選択肢があります。敵陣10メールライン付近に蹴って相手と競り合ってボールを奪い返すことを意図するのか、敵陣22メートルラインより奥に蹴り込んで陣地を進めるのか、敵陣10メートルラインと22メートルラインの間に蹴り込んで陣地を進めながら相手と競り合ってボールを奪い返そうとするのかです。

敵陣10メートルライン付近のキックでキャッチできなかった場合は、相手がそのままボールを動かしてくる可能性と、ハイパントを上げて（相手から見て）自陣での攻防を意図してくる可能性があります。

敵陣10メートルライン付近からのロングキックは、そのままインゴールに入る可能性もあるので、そうしたリスクを考える必要もあります。

キックオフを蹴り込む位置とその意図

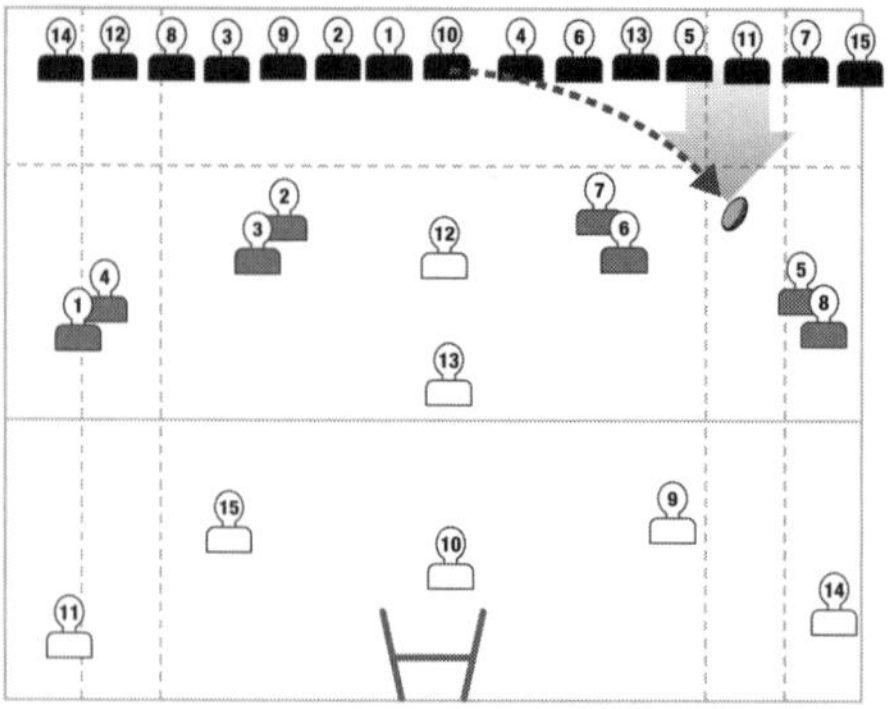

10メートルライン付近ではボールの再獲得を狙う

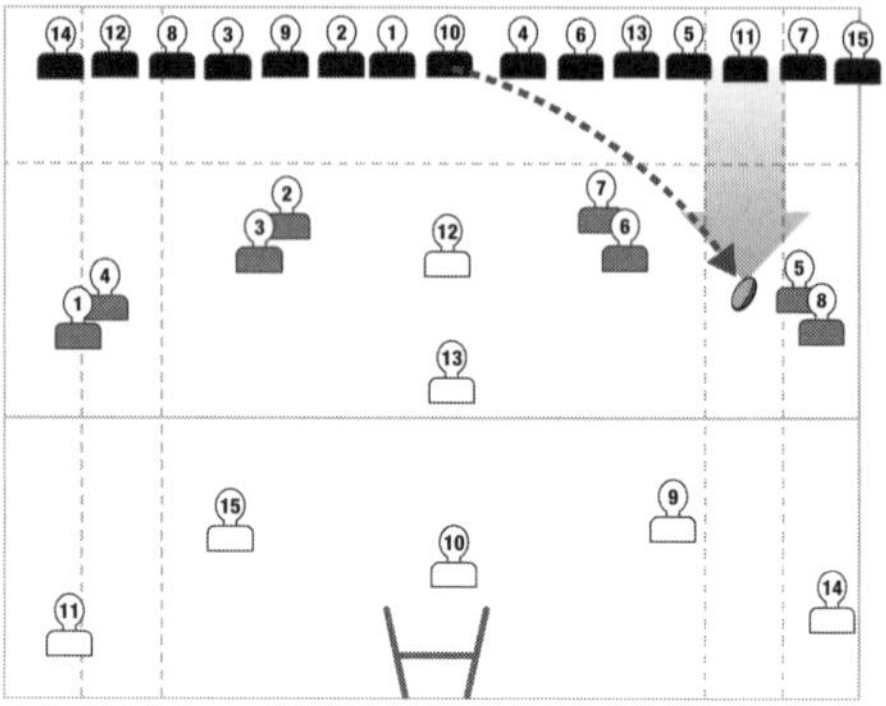

10メートルと22メートルの間では陣地を進めながらボールを確保する

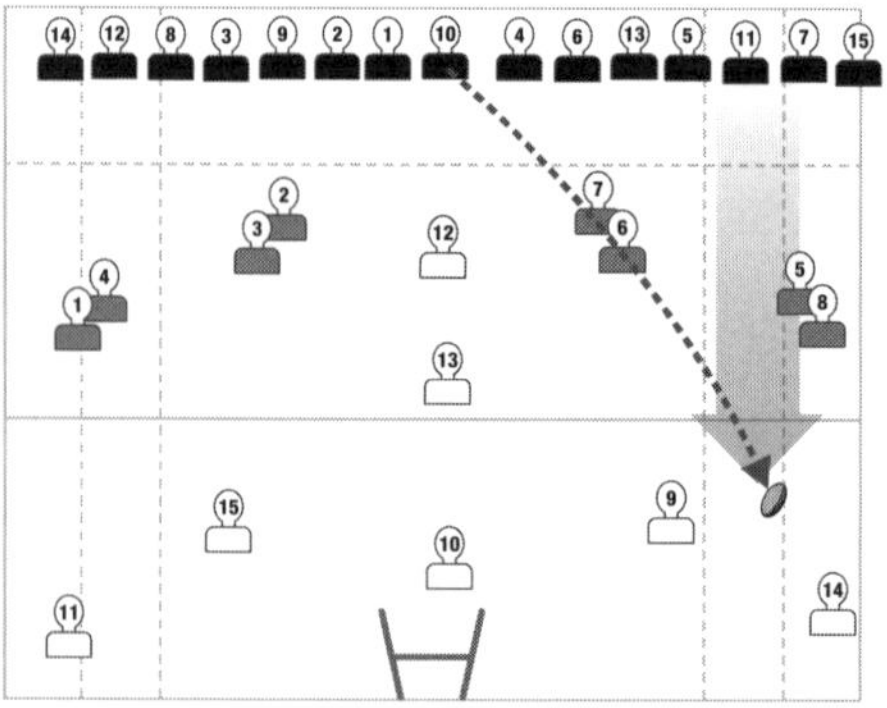

22メートルラインより奥では陣地を進める

キックオフ後に予想される展開

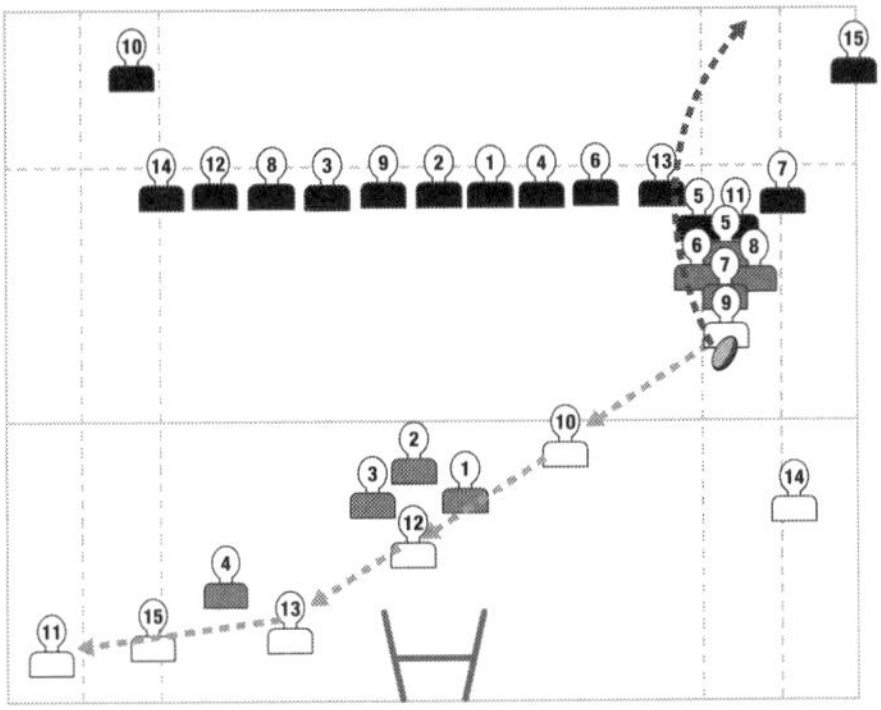

10メートルライン付近でボールをキャッチできないと相手は外に回すかハイパントを上げてくる

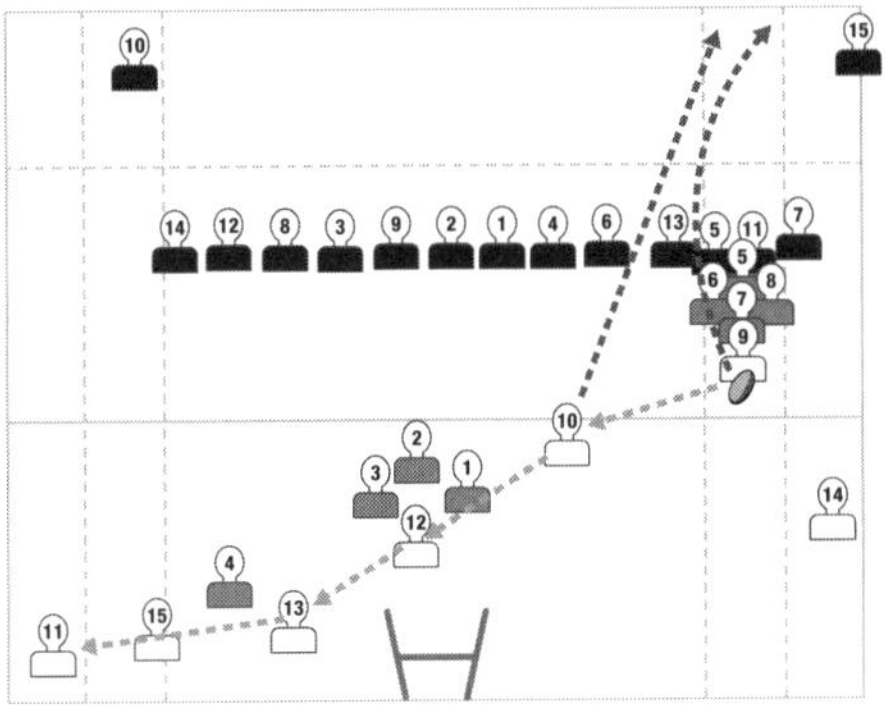

10メートルと22メートルの間でボールをキャッチできないと相手はブレイクダウン後にロングキックかハイパントか外に回すかのいずれかを狙ってくる

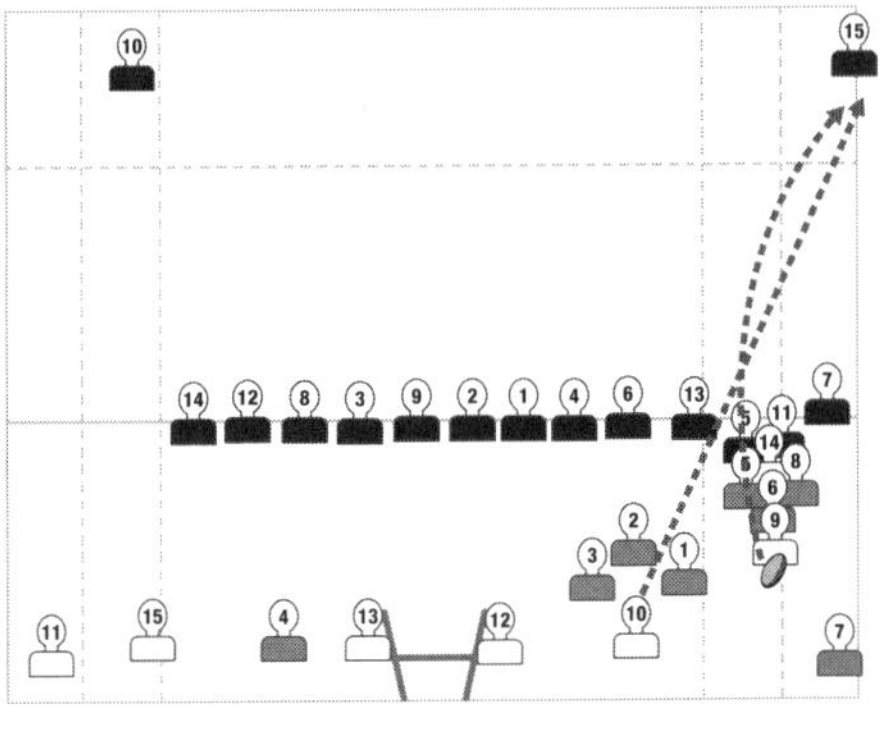

22メートルラインより奥に蹴り込むと相手はタッチキックを狙ってくる

敵陣22メートルラインより奥に蹴り込めれば、相手はタッチキックを蹴ってくることが予想されるため、敵陣でのラインアウトの可能性が高くなります。

敵陣10メートルラインと22メートルラインの間に蹴り込んで相手がキャッチした場合には、ブレイクダウンができたあと、ロングキックで陣地を取り返そうとしたり、ハイパントによってハーフウエイライン付近での攻防を意図してきたり、ボールをラインの外側まで回してゲインラインを越えようとしたりするなど、さまざまなパターンが考えられます。

POINT

キックオフはどこへ蹴るかによってその後の戦術が変わる

CHECK 4 キックの種類

ここまでを読んでおわかりのように、セットプレーではキックが重要なスキルの一つになります。そこで、キックの種類について解説しましょう。

ボールを持って蹴るキック全般を指して「パントキック」と呼びます。パントキックのなかでも、長いキックを「ロングキック」、短いキックを「ショートパント(チップキック)」、地面に転がすキックを「グラバーキック」、高く蹴り上げるキックを「ハイパント」と呼びます。

ロングキックのなかでも正確性を重視してボールを縦に回転させるキックを「ドロップパント」、飛距離を重視してボールを横に回転させるキックを「スクリュー(スパイラル)キック」と呼びます。最近は、正確性を重視したドロップパントが主流になっていますが、ここぞというときに飛距離を出したい場合は、スクリューキックを使います。

エリアを大きく前進させたい場合はロングキックを使い、高いボールを蹴って前に出ながらも相手と競り合ってボールを再獲得したい場合はハイパント、相手の頭を越してボールの再獲得を狙う場合はショートパント、ボールをバウンドさせながら相手の裏側に出る場合はグラバーキックを使います。

ハイパントの場合、ブラインド側に蹴るキックを「ボックスキック」、オープン側に蹴る

4種類のキックとその用途

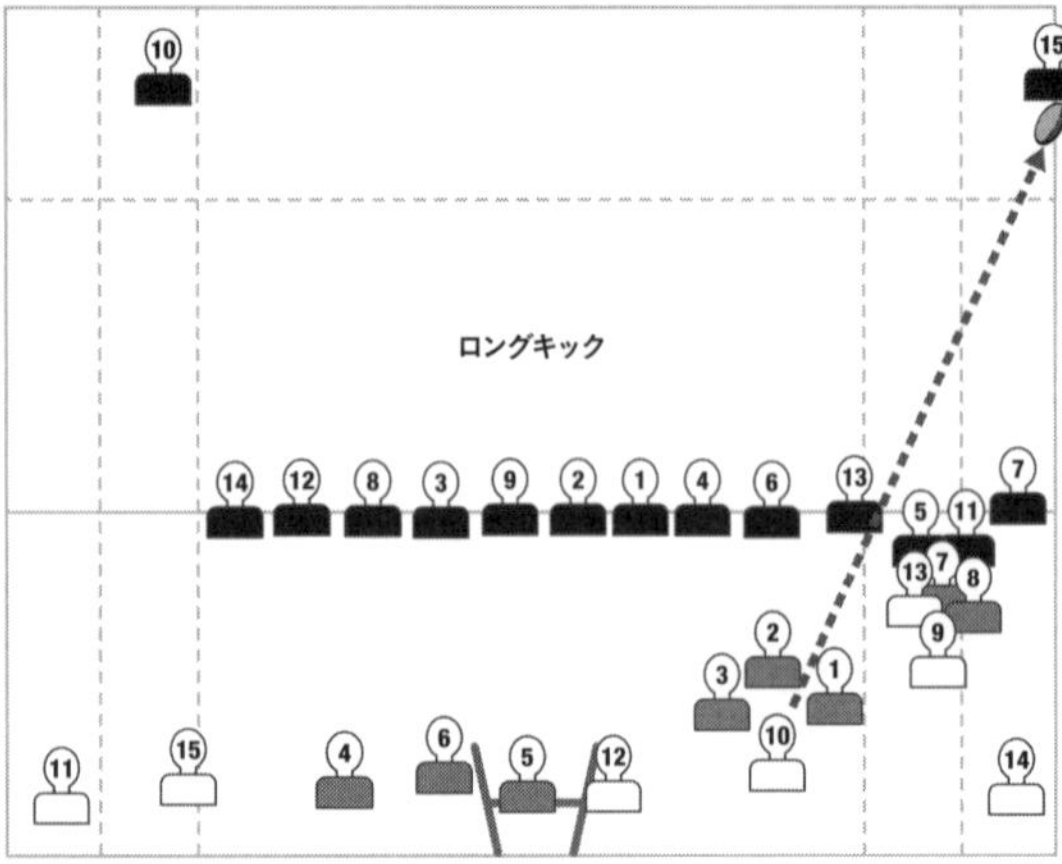

ロングキックは陣地を前進させるときに使う

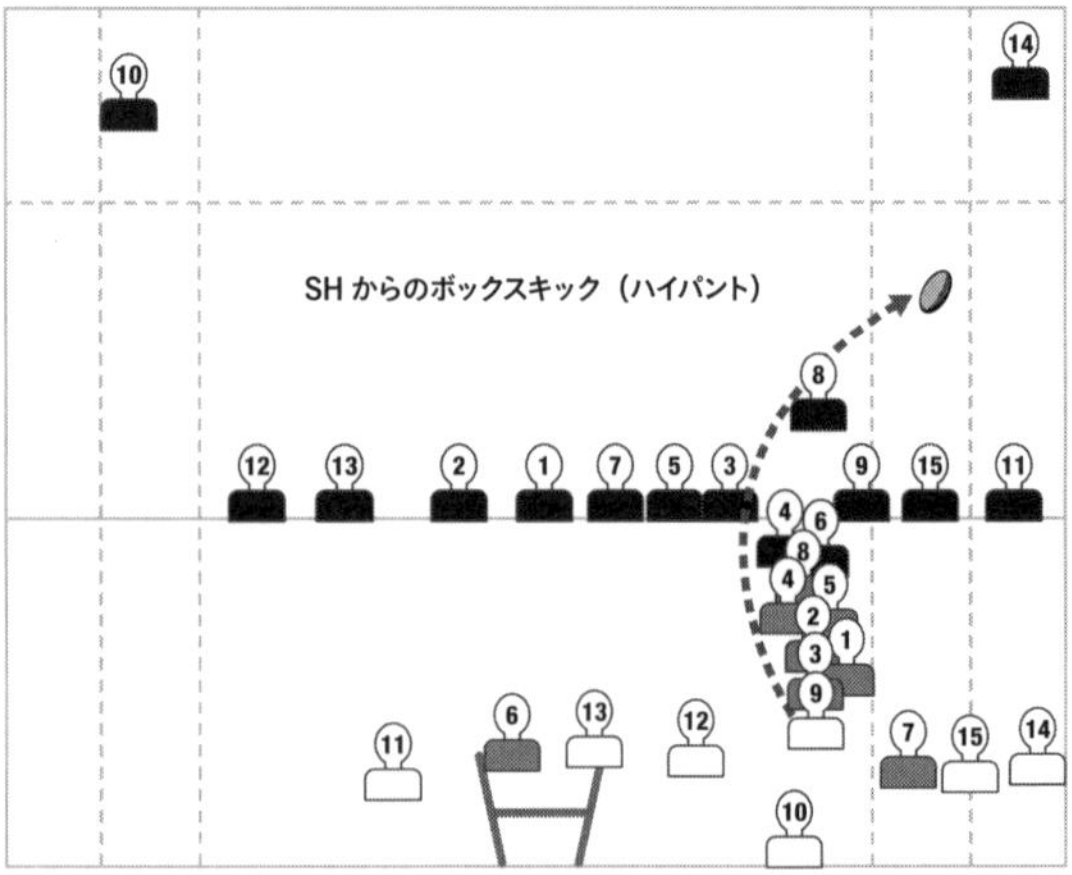

ハイパントは前に出ながらボールの再獲得を狙うときに使う

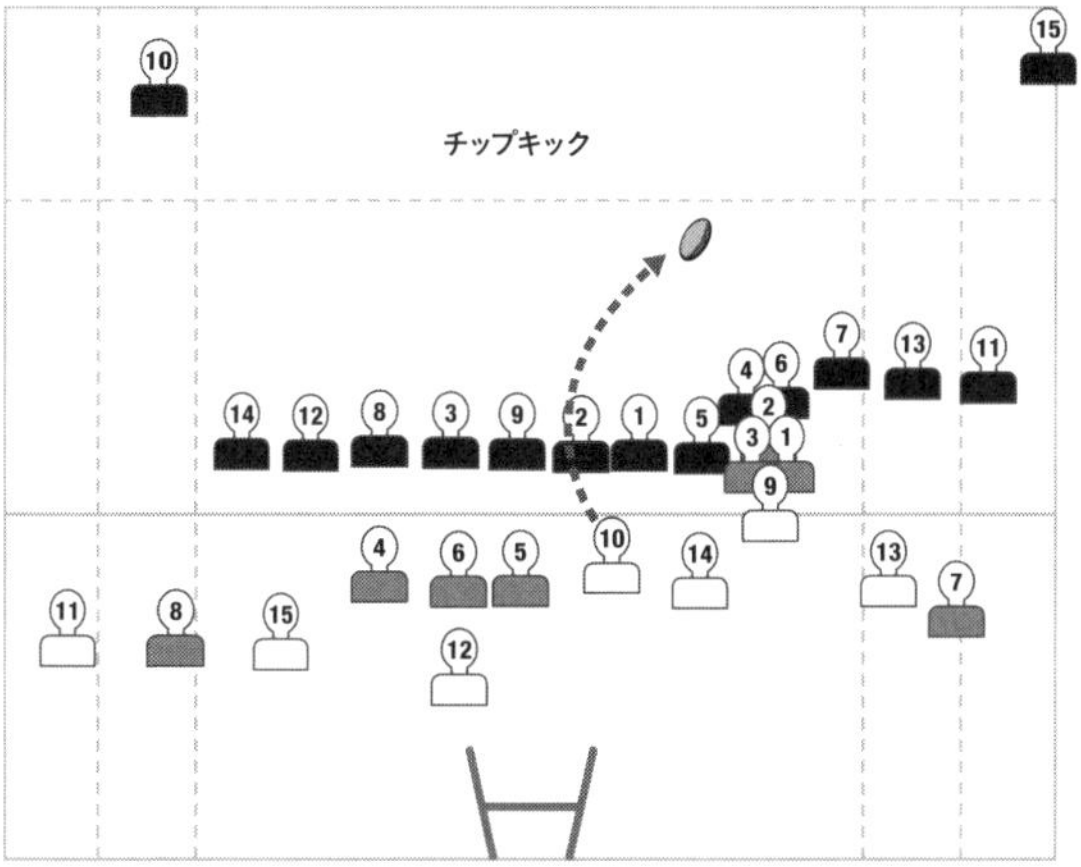

ショートパントは相手の頭の上を越してボールの再獲得を狙うときに使う

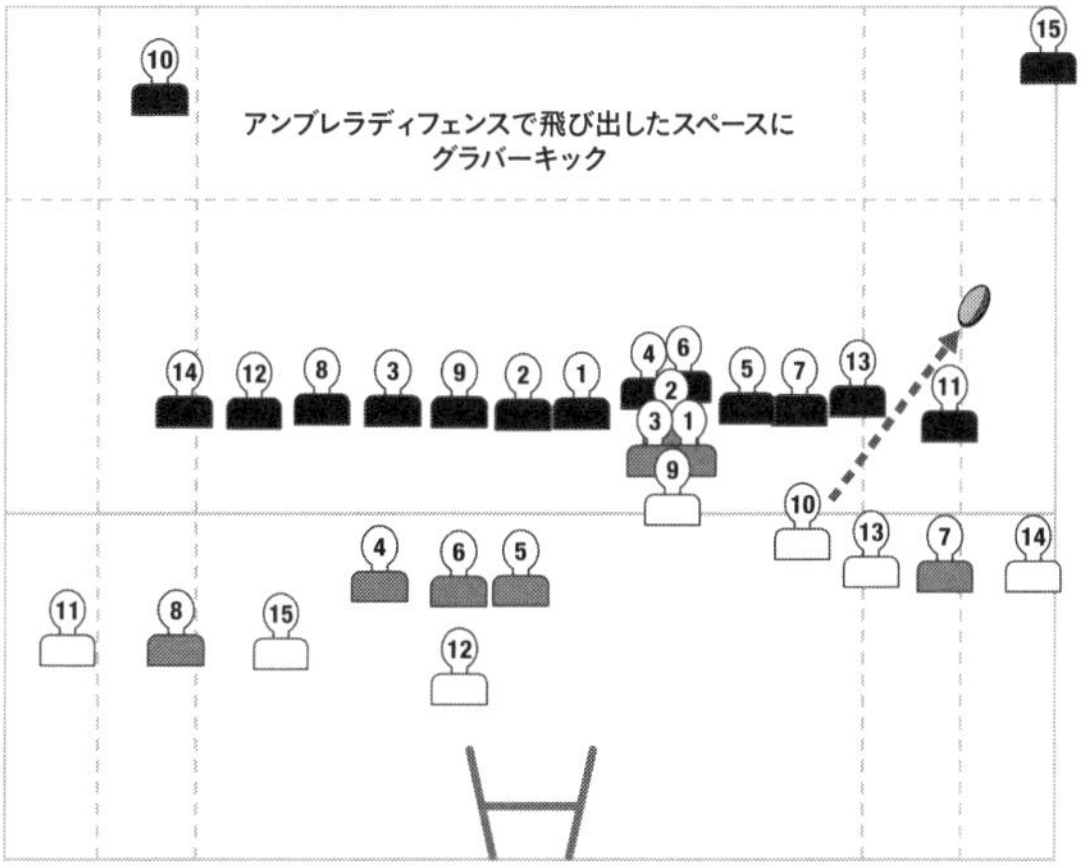

グラバーキックはボールを転がして相手の裏に出るときに使う

キックを「オープンキック」と区別します。

ボックスキックはSHがブレイクダウンから蹴ることが多く、パスアウトしてスタンドオフ（以下、SO）から蹴るのに比べて、ボールを後ろに下げずに前から蹴ることができるので、距離を出すことができます。

SHから蹴るのとSOから蹴るのとでは、具体的には10メートルの距離の違いがでます。パスアウトして蹴る場合は、オープン側に蹴ることが多く、「オープンパント」と呼ばれます。

ショートパントも自分の前に蹴るショートパントと外側に蹴るキックパスに区別できます。

ショートパントは防御のラインの裏に蹴り、防御側の選手が前に出るのと「入れ違え」を狙って突破を試みますが、キックパスは防御ラインの外側にパスのように使います。

以上のように、いろいろなキックを状況に応じて使い分けることで、防御側と駆け引きして、ゲームを有利に進めていきます。

POINT
セットプレーでは状況に応じたキックの使い分けが重要

2 ブレイクダウンの基礎知識

スクラム、ラインアウト、キックオフといったセットプレーと、それに伴《ともな》うキックの種類が理解できたら、そこから派生するフィールド上の攻防に移ります。そのなかでも、近年、ラグビーの戦略を考えるうえで、とくに重要視されているのが「ブレイクダウン」です。

ブレイクダウンとは、コンタクトが行われる密集のことであり、具体的にはモールやラックを指します。

モールは、タックルされた攻撃側の選手がボールを保持した状態（すなわち立った状態）を維持し、そこにもう1人、攻撃側の選手が加わることで成立します。モールが成立するとオフサイドラインが発生し、攻撃側も防御側もモールの後方からしかプレーに参加できません。

ラインアウトの項でふれたように、ラインアウトではFWが最初から一ヵ所に集まってボールを手で扱うことができるため、攻撃側はモールを素早く形成することができます。

ラックは、タックルで倒された選手の上で（すなわちボールが地面の上にある状態で）、攻撃側と防御側の選手が組み合った状態で発生します。ただし、攻撃側の選手が防御側の選手と組み合わなくても、攻撃側の選手がタックルされた選手をまたいで立っている場合は、防御側の選手がいなくともラックとみなして（この状態を「ワンサイドラック」といいます）、オフサイドラインが発生します。

モールは立った状態で形成されることから、前後左右に動いたり、密集の中で手でボールを扱ったりすることができます。これに対してラックは、ラックの中のボールを手で扱うことはできず（ハンドという反則になります）、ラック自体も動くことはできません。

そうしたことから、攻撃側はモールよりラックをつくることのほうがリスクが少ないと考えて、ラックを基準に攻撃を組み立てます。

ラックにおける防御側の選手は、ラックを押し返してタックルされた選手の上を越えてボールを奪うか、タックル後に攻撃側の選手が到着する前にタックルされた選手からボールを奪う「ジャッカル」を狙います。このように相手のボールを奪い返すプレーを「ターンオーバー」といいます。

これに対して攻撃側は、ジャッカルを狙ってくる選手をブレイクダウンから排除することで、ブレイクダウンからボールを出して攻撃を継続することができます。このジャッカルを狙う選手を排除する動きを一般的には「スイープ」と呼びます。

また、防御側の選手が到達する前にタックルされた選手をまたいだり、タックルされた選手をつかんだりして、防御側の選手を待ち受ける行為を「ブリッジ」といいます。

ブリッジの際、攻撃側の選手は、タックルされた選手の上に倒れ込んで、防御側の選手がブリッジしている選手とコンテストする（競り合う）のを妨げてはなりません（オーバーザトップという反則になります）。必ず自立した状態で防御側の選手とコンテストする必要があります。

また、ラックで攻撃側と防御側がコンテストするとき、タックルされて地面に倒れている選手の横や斜めの位置からではなく、ラックの後方からボールや相手に働きかけねばなりません。このラックに入るときの入り口を「ゲート」と呼び、横や斜めから入ると「オフザ

ブレイクダウンでの攻防

攻撃側はスイープかブリッジ

防御側はカウンターラックか
ジャッカル

ブレイクダウンでの反則

相手側に倒れ込むオーバーザトップ

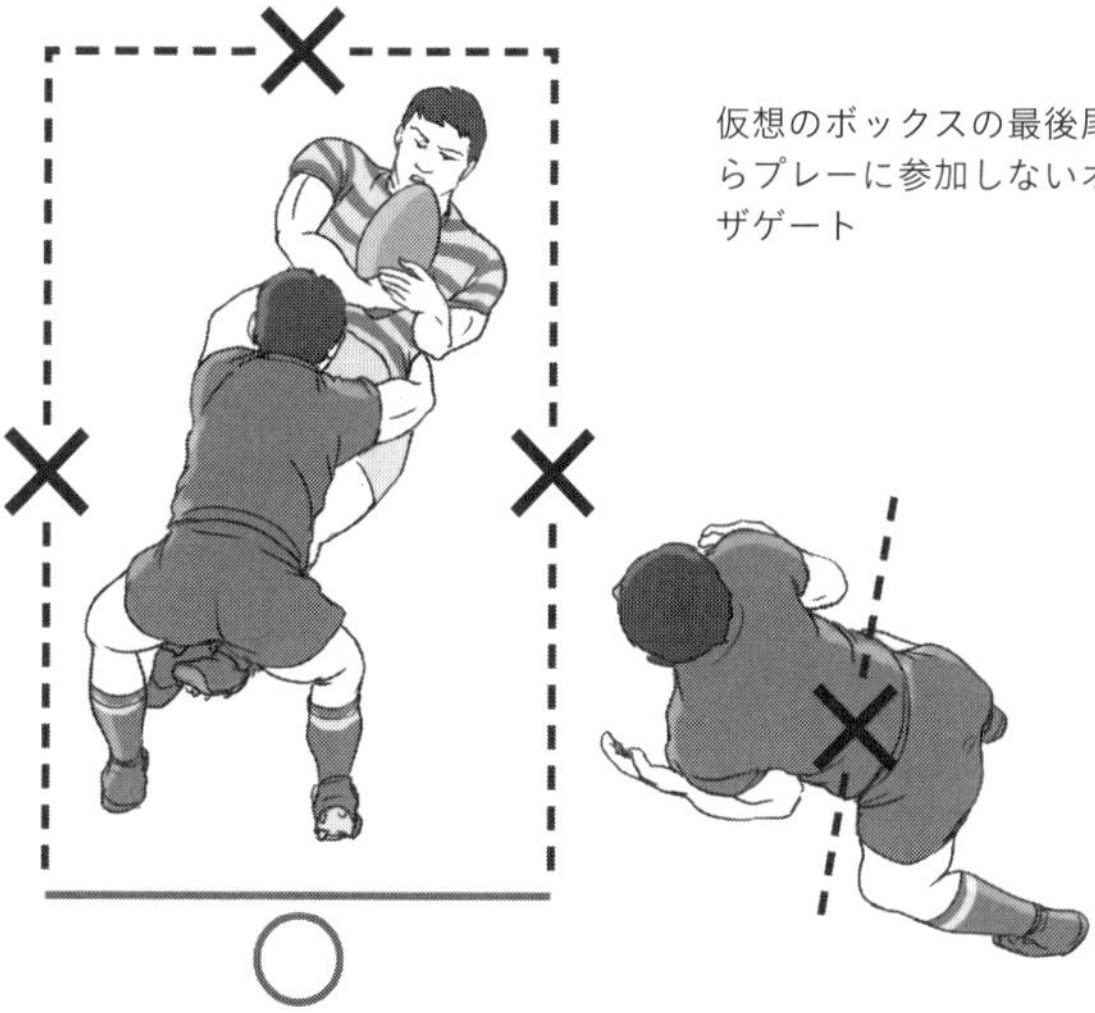

仮想のボックスの最後尾からプレーに参加しないオフザゲート

ゲート」という反則をとられます。

ラックにせよ、モールにせよ、ブレイクダウンでは、攻撃側、防御側のどちらが先にコンタクトの地点に到達するかが重要になります。

POINT
ブレイクダウンはいかにポイントに早く到達するかがカギ

3 戦術の基礎知識

CHECK 1 ポッドとは

2000年前後にニュージーランドで「ポッド」と呼ばれる革新的な戦術が誕生しました。ポッドを考案したのは、ニュージーランドのワイカト地区の元コーチであるヒカ・リード氏です。

ポッドの語源は「イルカなどの群れ」で、ラインアウトのリフターとジャンパーのユニットのことを元々「ポッド」と呼んでいました。

ポッドが誕生する以前のラグビーは、ＦＷはＢＫのサポートとブレイクダウンから近い位置での攻撃、ＢＫは空いているスペースにボールをパスして、そのスペースを突破することが役割とされていました。これに対してポッドは、サッカーのように人の配置が決まっていて、ポッド以前のラグビーのように人（ＦＷ）がボールを追いかけることはなく、配置された選手のところにボールを動かす戦術になります。

ポッドのなかにもＦＷの体の大きな選手がブレイクダウンの近くを攻撃できるような配置はありますが、原則的にはＦＷ、ＢＫのポジションに関係なく、「パスができてボールを持って走れて、ブレイクダウンにも参加する」といったオールラウンダーな選手がすべてのポジションに必要となります。

今やポッドを使って攻撃を組み立てないチームはないといえるほどに、どのチームもポッドを採用しています。

ポッドは小さい集団（ユニット）で形成するため、ユニットの数に応じて、従来は「3ポッド」「4ポッド」と呼ばれていました。しかし、現在はFWの選手の配置に応じて「1331」「1322」「13211」などと呼ばれます。

サッカーで「442」といえば、フィールドを横に区切って配置されますが、ラグビーの場合はフィールドを縦に区切って配置されます。

たとえば、「1331」であれば、フィールドのいちばん外側（エッジ）から数えて、エッジのポッドにFWが1人、真ん中（ミッドフィールド）にFWが3人ずつのポッドが二つ、そして反対側のエッジにもFWが1人いる「4ポッド」という形になります。

ブレイクダウンに参加するのは原則的に3人なので、ミッドフィールドのポッドはFWだけでよいのですが、エッジのポッドにはFWが1人しかいないので、残りの2人はBKの選手が参加します。

「1322」では、ミッドフィールドの二つめのポットにFWが2人しかいないので、BKの選手が1人参加して、エッジの片側のポッドにはFWが2人になっているので、BKの選

3種類のポッド

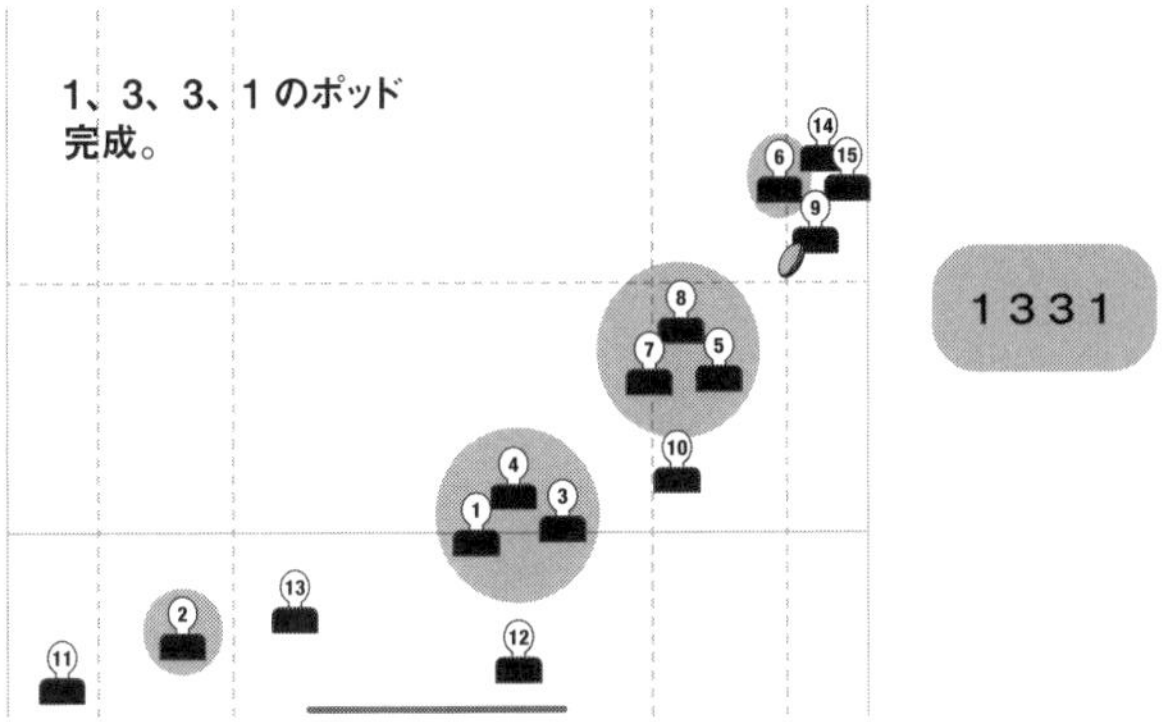
1、3、3、1のポッド
完成。
1331

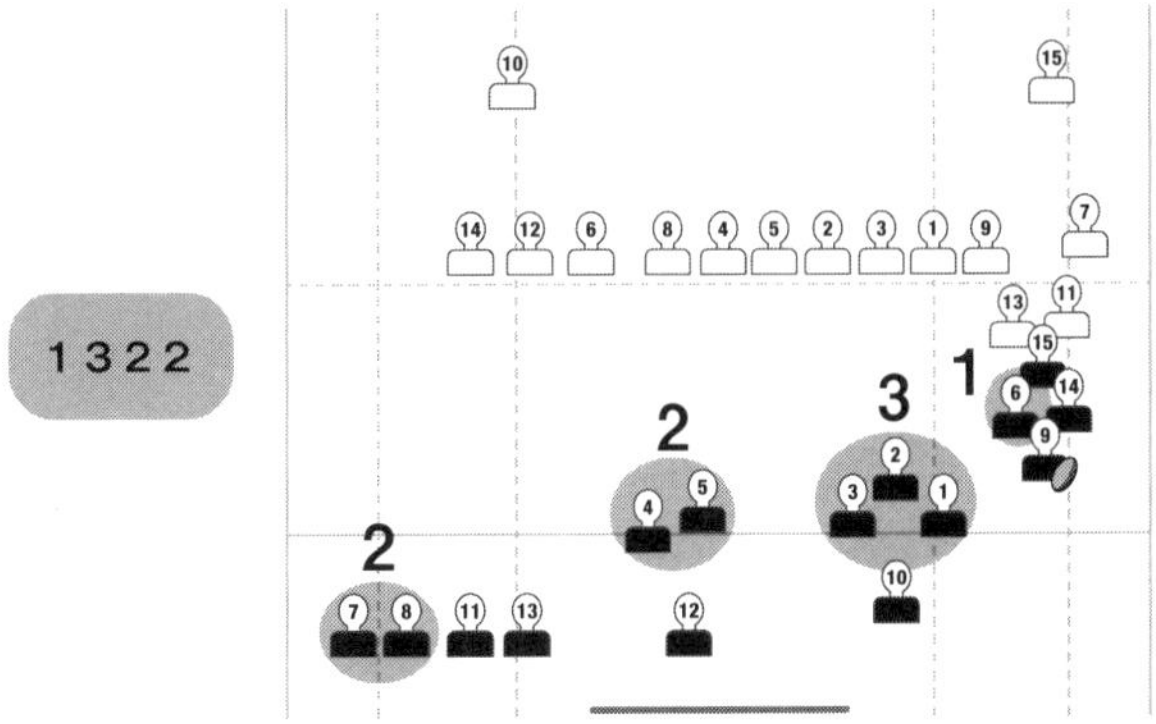
1322
2
2
3
1

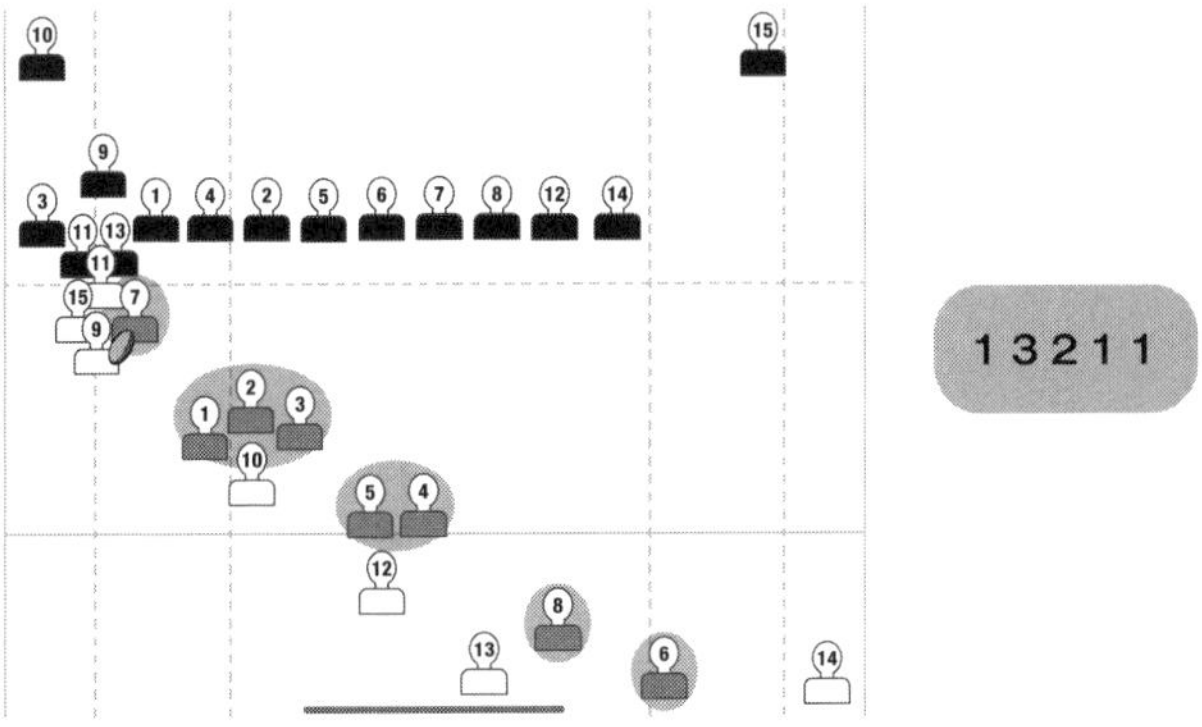
13211

手が1人参加します。

「13211」はさらに複雑で、エッジはFWが1人ずつですが、ミッドフィールドが「3」「2」「1」となっているので、BKの選手はそれぞれのブレイクダウンで状況判断しながらブレイクダウンに参加します。

POINT

ポッドの配置を知るとラグビーがぜんおもしろくなる!

CHECK 2 シェイプとは

シェイプは2000年後半に生まれた戦術で、元々はポッドのユニットの形をシェイプと呼んでいました。

現オーストラリア代表HCのエディー・ジョーンズ氏が、13人制のラグビーリーグからヒントを得て考案した戦術といわれています。

シェイプは、SHからパスを受けて攻撃する「9シェイプ」、SOからパスを受けて攻撃する「10シェイプ」、センター（以下、ＣＴＢ）からパスを受けて攻撃する「12シェイプ」から成り立っています。

ポッドがフィールドを縦に分割してフォーメーションをつくるのに対して、シェイプはそれぞれのシェイプがリンケージして（重なり合って）攻撃する戦術で、９シェイプは可能な限り順目側（そこまで展開してきた方向と同じ方向）に移動して攻撃を重ねます。

防御側より先に動いて順目側にオーバーラップの状況をつくったり、順目側に防御を誘導して、逆目側（そこまで展開してきた方向と反対の方向）にスペースをつくったりします。

一般的には、シェイプはタッチラインから15メートルラインまで順目側にフォワードが移動し、それで防御がくずせなければ、逆目側に折り返してアタックをくり返します。

シェイプが生まれた当時、ポッドは、ＳＯのパスから攻撃する「３ポッド」しかなく、現在ではあたりまえに行われているＳＨからＦＷにパスする「９シェイプ」や、ブレイクダウンからＦＷがボールを持ち出して攻撃する「ピック＆ゴー」は、戦術としては原則的に禁じられていました。

また、ポッドでは、ＳＨやＳＯはどのポッドにも属していないため、彼らが仕掛けて防御

3種類のシェイプ

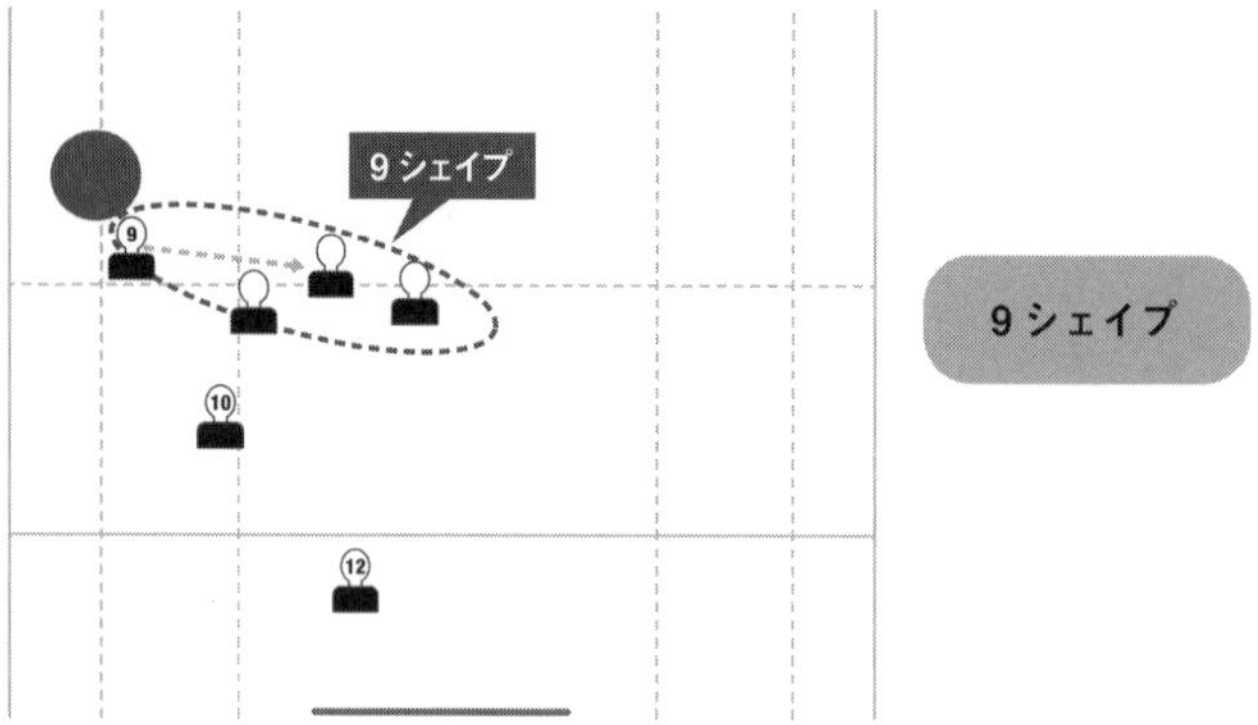

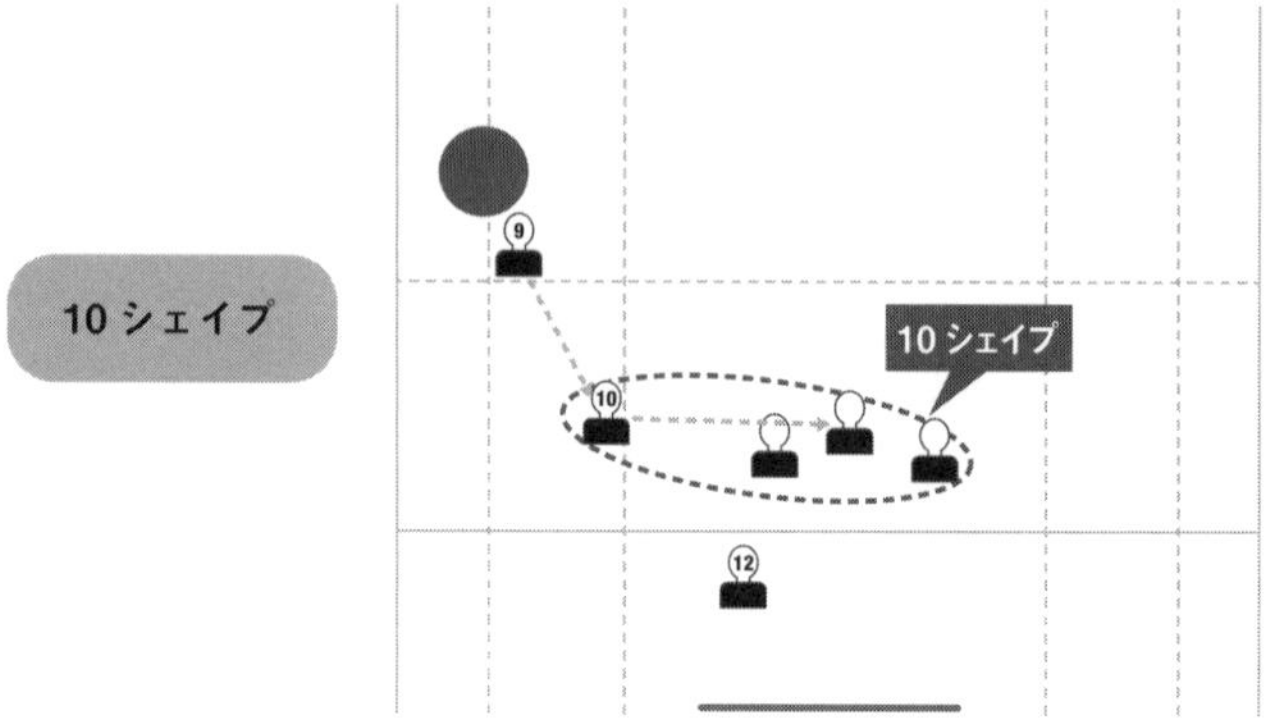

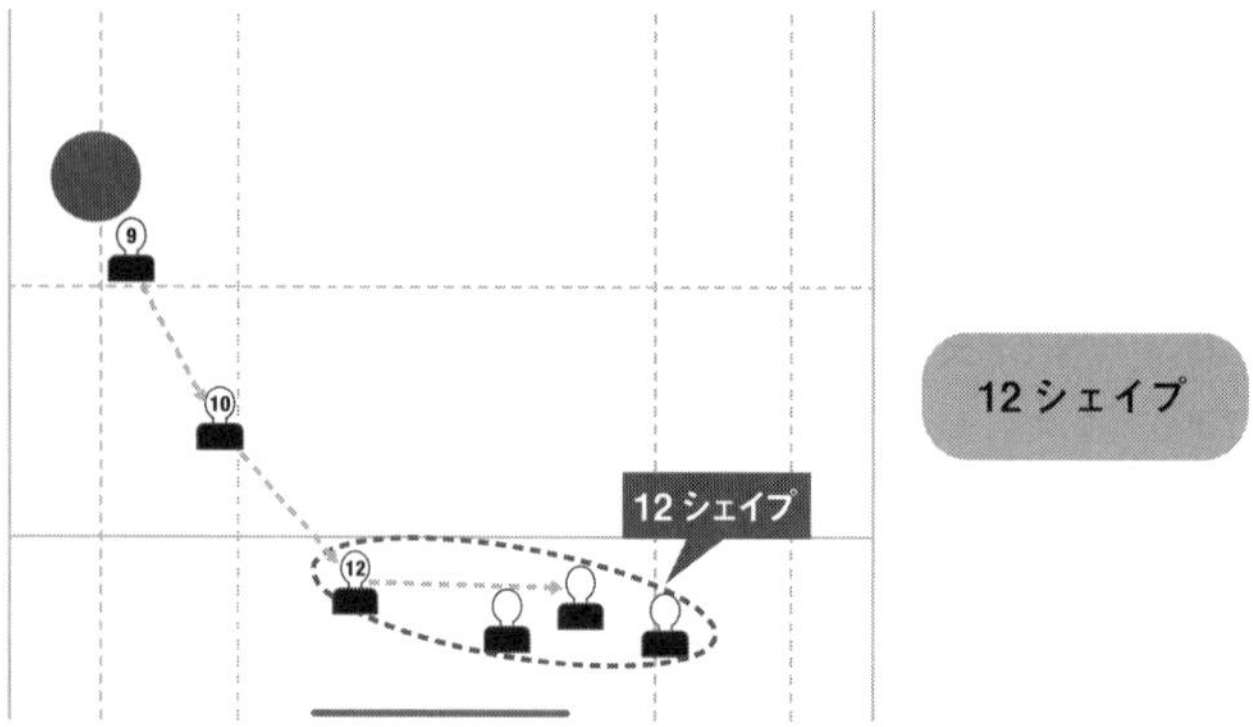

に捕まるとリスクとなるので、そうしたプレーも戦術的には否定されていました。そのため、ＳＨがボールを持ち出すことを得意としていたオーストラリアでは、当初、ポッドが受け入れられませんでした。

シェイプでは、ＳＨがボールを持ち出すことやＳＯが仕掛けることに積極的なのは、エディー・ジョーンズ氏が戦術を構築するにあたり、そうした背景があったことも影響しているように思います。

シェイプでは、９シェイプが順目側に移動して、シェイプ同士がリンケージすることで、ＳＨからＦＷを使った攻撃なのか、ＳＯからＦＷを使った攻撃なのか、ＣＴＢからＢＫを使った攻撃なのか、防御側に的を絞らせないようにするのが特徴です。

ただし、ＳＨからのパスで攻撃可能な「４ポッド（１３３１）」の出現により、最近はシェイプがあまり見られなくなっています。

また、現在のラグビーでは、ＦＷは「１３３１」や「１３２２」など配置が決められているので、ＦＷが順目に動かない代わりに、ＢＫが移動してオーバーラップをつくるようになります。

POINT シェイプは防御側に的を絞らせないのが特徴

CHECK 3

ピラー、ポストとは

ブレイクダウンが発生していちばん近くにポジショニングする防御側の選手を「ピラー」、2番目に近い位置にポジショニングする防御側の選手を「ポスト」と呼びます。この、ピラー、ポストの概念は、防御を組織化することにつながりました。

ラグビーで最も簡単にゲインラインを突破する方法は、ブレイクダウンからボールを持ち出して攻撃することです。

パスをしてスペースにボールを運ぶには時間がかかり、相手との駆け引きも必要です。しかし、ボールを持ち出して走ることは、それに比べるとリスクが少なく、最短時間でゲインラインを突破することができます。

ピラーとポストの動きと選手の配置

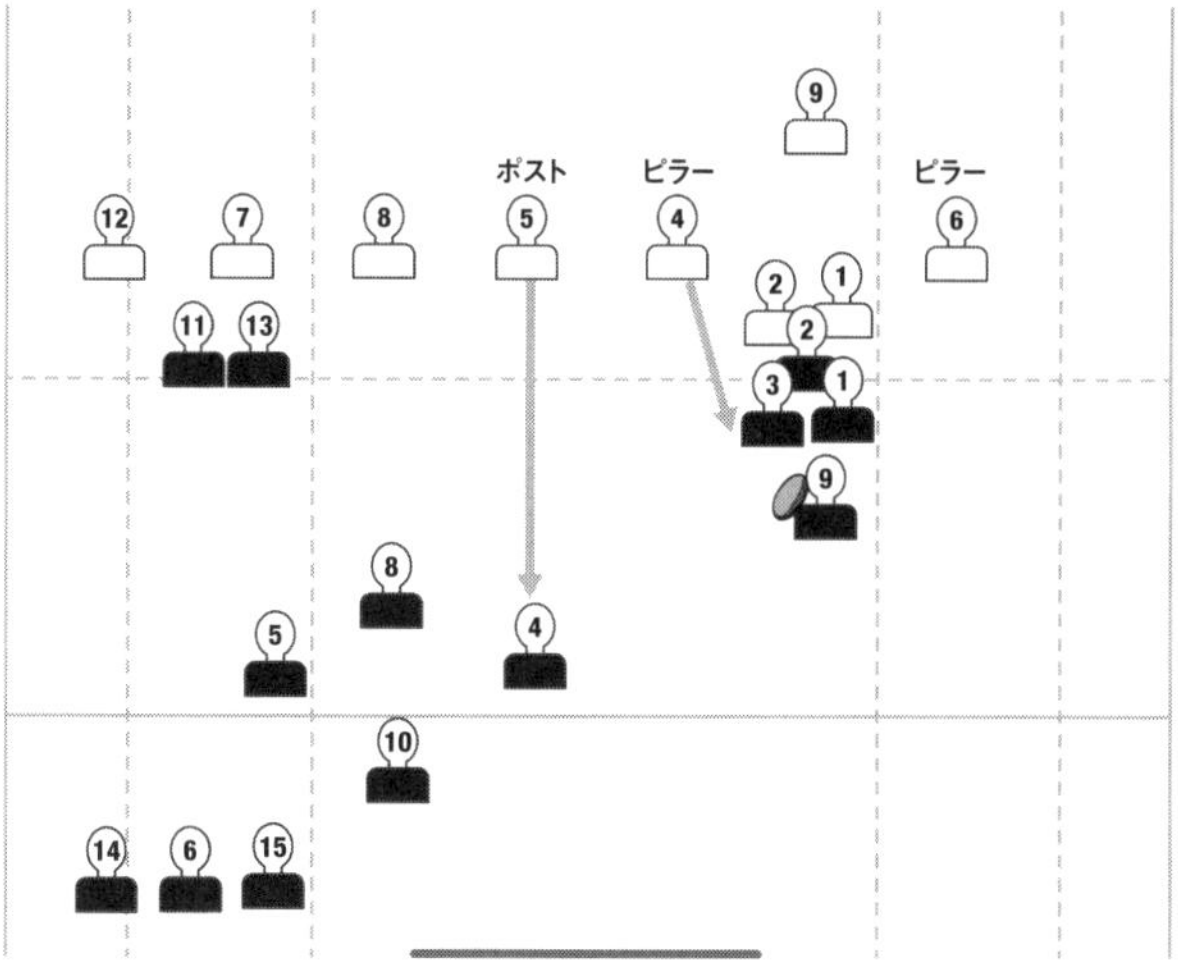

ブレイクダウンのいちばん近くにいる選手がピラーに、2番目に近くにいる選手がポストに入る

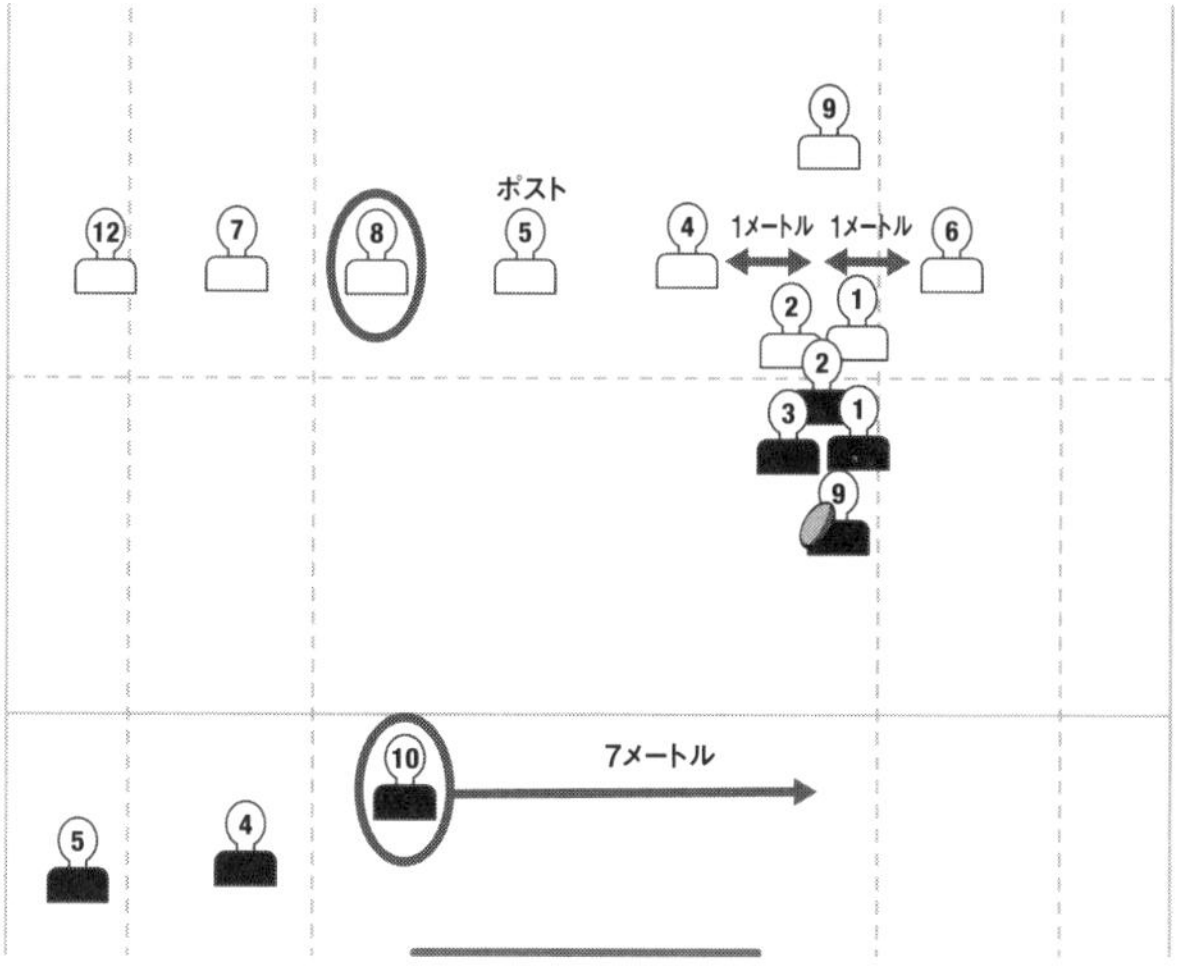

相手のSHとSOが位置する約7メートルのスペースをピラー、ポスト、3人目の防御の選手とで守る

そこで、ラグビーの戦術においては、ブレイクダウンが発生すると、ピラーからポジショニングすることを原則とし、防御を組織化していくことにしました。

ポストの役割は、攻撃側のSHとSOの間のスペースを守ることです。

一般的に、SHからSOまでの横幅は7メートル以上といわれており、その広い距離をピラーだけで守るのは、負担が大きくなります。

また、攻撃側はブレイクダウンの内側にFW、外側にBKを配置するので、ミスマッチが起こらないように、防御側も内側にパワーのあるFW、外側にスピードのあるBKを配置します。

この7メートル以上ある広いスペースを、FWが配置されることの多いピラーだけで守るのではなく、ピラーとポストで守ることで、ブレイクダウン周囲の防御を強固にするわけです。

ピラー、ポストのポジショニングの速さは、防御全体のポジショニングの速さを図るうえで重要な指標となります。

POINT
ピラーとポストの概念が防御を組織化させた

CHECK 4 シークエンスとは

シークエンスは、1990年代の後半にオーストラリアで生まれた戦術です。スクラムやラインアウトから、事前に「どこを」「誰が」「どのように」攻撃するかを細かく設定した攻撃戦術を指します。

攻撃側はどのように攻撃するかが事前にわかっているので、防御側よりも先に仕掛けることができ、相手を誘導したり、小さいBKの防御側の選手に大きなFWの攻撃側の選手をぶつけたり、足の遅いFWの防御側の選手に足の速いBKの攻撃側の選手を配置したりと、ミスマッチを意図的につくりだすことができます。

シークエンスには、事前に設定する攻撃パターンやフェイズ数に限界があります。一般的には、セットプレーから5フェイズ（5回目の攻撃）前後でシークエンスは切れてしまうので、それまでに防御をくずし切らないと、FWが近場を突破してBKがボールを展開する「縦縦横」と呼ばれる旧来の攻撃に戻ってしまいます。

また、防御側が攻撃側の意図どおりに動かない可能性もあることから、主戦術として使われなくなりました。

しかし、「どこを」「誰が」「どのように」攻撃するかを設定するシークエンスの特性は、「6、7番は両サイドのエッジ」「12番は10シェイプのバックドア（ダブルラインでセットした攻撃の後ろのライン）」のような配置をつくるポッドに利用されるようになりました。つまり、シークエンスは、スクラムやラインアウトからポッドを配置するための手段となったのです。

POINT

シークエンスはポッドを配置するための手段

CHECK 5 階層的ラインとは

ラグビーにはオフサイドルールがあるため、前方に味方を配置することができません。ラグビーの構造上、防御側はキックを蹴られるのを警戒して、後方に2人以上を配置しなければいけないので「15対13以下」となり、攻撃側にオーバーラップが生まれます。「ボールは人より速い」ので、攻撃側はオーバーラップが生まれているスペースにボールをパスで運びますが、前述したように「味方を前に配置すること」ができないので、ボールよりも後ろに味方を配置します。

攻撃側が最も効率的にボールを前に運ぶためには、防御側にぶつからないようにボールをできる限りゴールラインと平行に投げていく必要があります。

これに対して防御側は、できるだけ簡単に突破されないように、フィールドの内側や中央に防御を固めて、外側にスペースをつくるように選手を配置します。

スペースのある外側に対して、防御側がとる方法は二つあります。一つは、ボールとともにスライドしてスペースを埋める方法です。そしてもう一つが、外側の防御側の選手が内側の防御側の選手より前に出て、ボールが運ばれるであろう攻撃側の選手の前に立ち、ボールがスペースのある外側に運ばれるのを遮断する方法です。前者を「スライドディフェンス」、後者を「アンブレラディフェンス」といいます。

スライドディフェンスは前に出るよりも外側のスペースを埋めることを優先し、アンブレラディフェンスは外側のスペースにボールを運ばせないようにすることを優先します。

攻撃側は、スライドディフェンスを突破するために「前に仕掛けて防御のスライドを止めながらパス」を使いますが、アンブレラディフェンスに対してはボールを運ぶ選手の前に防御側の選手が待ちかまえているので攻略がむずかしくなります。

そこで攻撃側は、横方向だけでなく縦方向にも味方を配置する「階層的なライン構成」にして、飛び出している防御側の選手が「前の攻撃側の選手か後ろの攻撃側の選手」のどちらにパスがくるのかわからない状況をつくりだします。

現代では、この階層的なラインも2層の「2ライン」から3層の「3ライン」、4層の

階層的ラインによる一連の動き

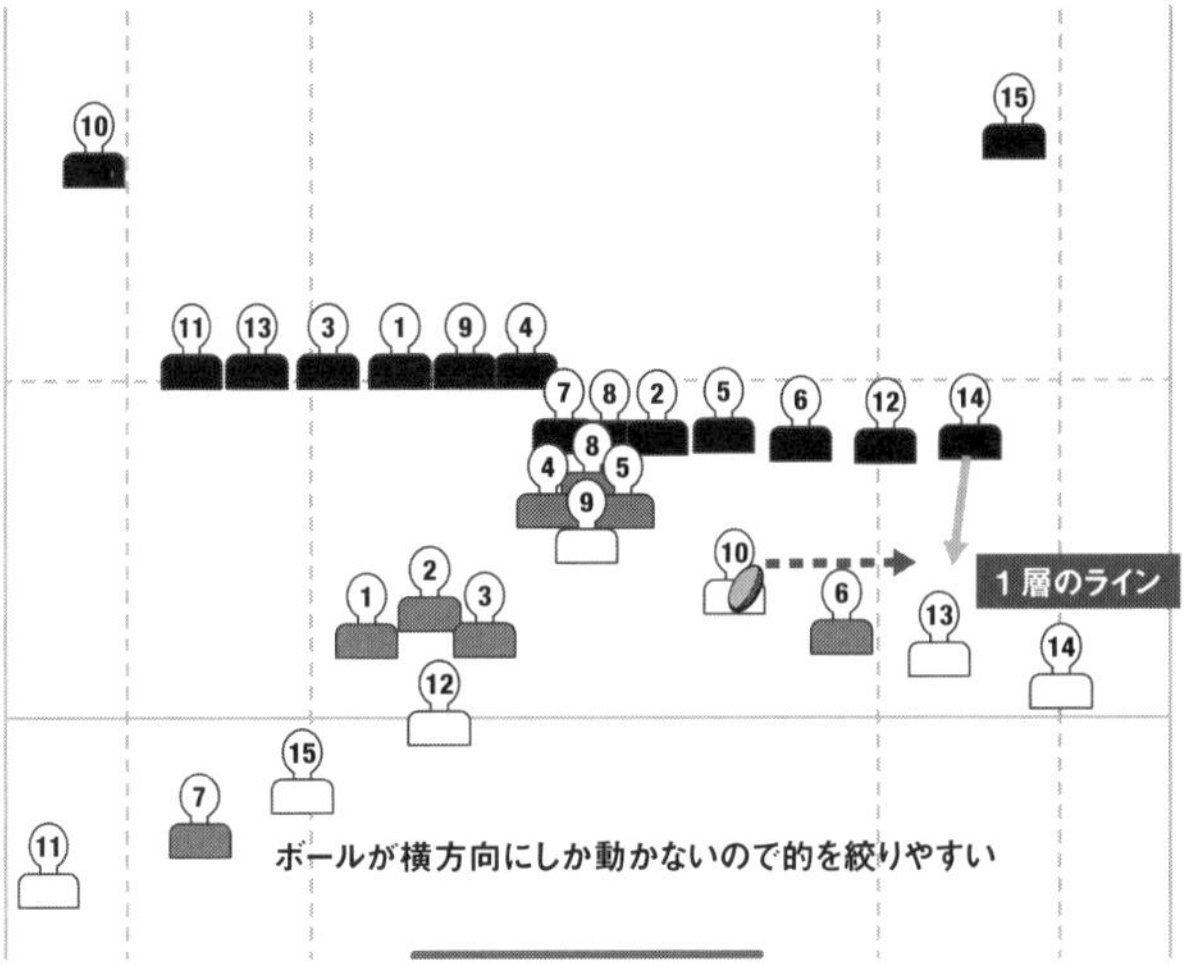

アンブレラディフェンスに対しては外にボールを運ぶのがむずかしくなる

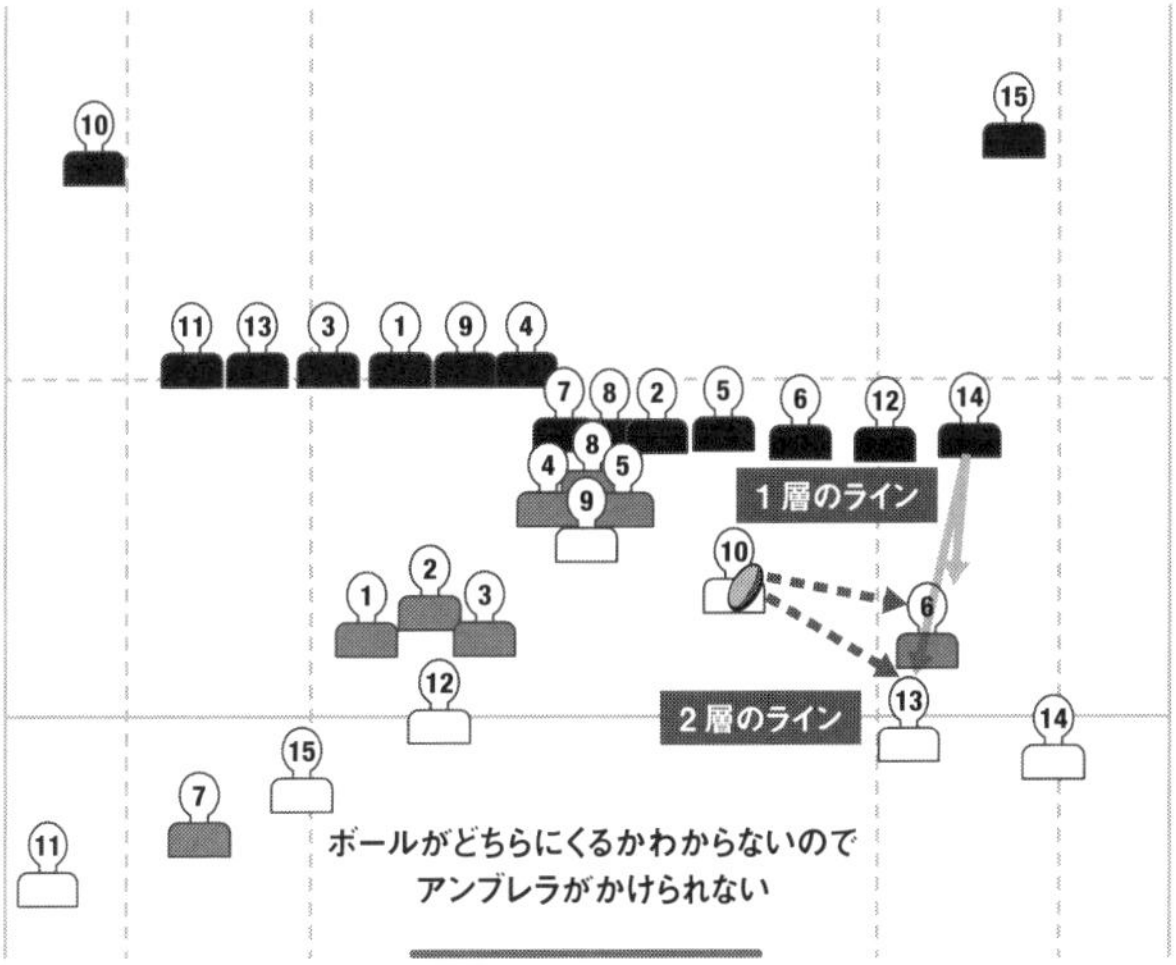

そこで飛び出している防御側の選手に的を絞らせないように階層的ラインを形成して攻撃する

「4ライン」と階層がふえていき、防御側も安易に飛び出すのがむずかしくなってきています。

POINT
階層的ラインは防御システムに対応して生まれた

CHECK 6 スライドディフェンスとラッシュアップディフェンスとは

構造上生まれる外側のスペースに対して、防御側が講じる防御システムは二つあります。ボールとともにスライドしてスペースを埋める「スライドディフェンス」と、前に出て外側のスペースにパスする時間を奪う「ラッシュアップディフェンス」です。

このうち、ラッシュアップディフェンスは、前出のアンブレラディフェンスと同じ考え方の防御の方法になります。

スライドディフェンスは、防御ラインが前に出てこないので、防御側はどうしても受け身にならざるを得なくなり、攻撃側は前に出ながらブレイクダウンをつくって、防御をあと追いにして攻撃を連続させて突破を図ろうとします。

ポッド以前のラグビーは、ブレイクダウンを連続させられる配置はなかったので、スライドディフェンスだけでも対応できました。しかし、ポッドが生まれたことにより、受け身の防御だけでは攻撃側のミス待ちになり、ボールを奪い返すことがなかなかできません。

もちろん、防御側に余裕がない状況ではスライドディフェンスを使いますが、防御側に防御ラインをセットできる余裕がある場合は、前に出てプレッシャーをかけてボールを外側にパスする時間を奪うラッシュアップディフェンスを使います。

とくに、エッジからの折り返しの攻防については、外側のスペースにボールを運ぶまで時間がかかる（たくさんパスをしなければならない）ので、ラッシュアップディフェンスが使いやすくなります。

防御側が同じ数的不利な状況でも、「11対9」や「8対6」はパスの回数が多くなるのでラッシュアップディフェンスができますが、ミッドフィールドにブレイクダウンがあるような状況での「5対3」や「6対4」では、パスの回数が少なくなるのでラッシュアップディ

スライドディフェンスとラッシュアップディフェンス

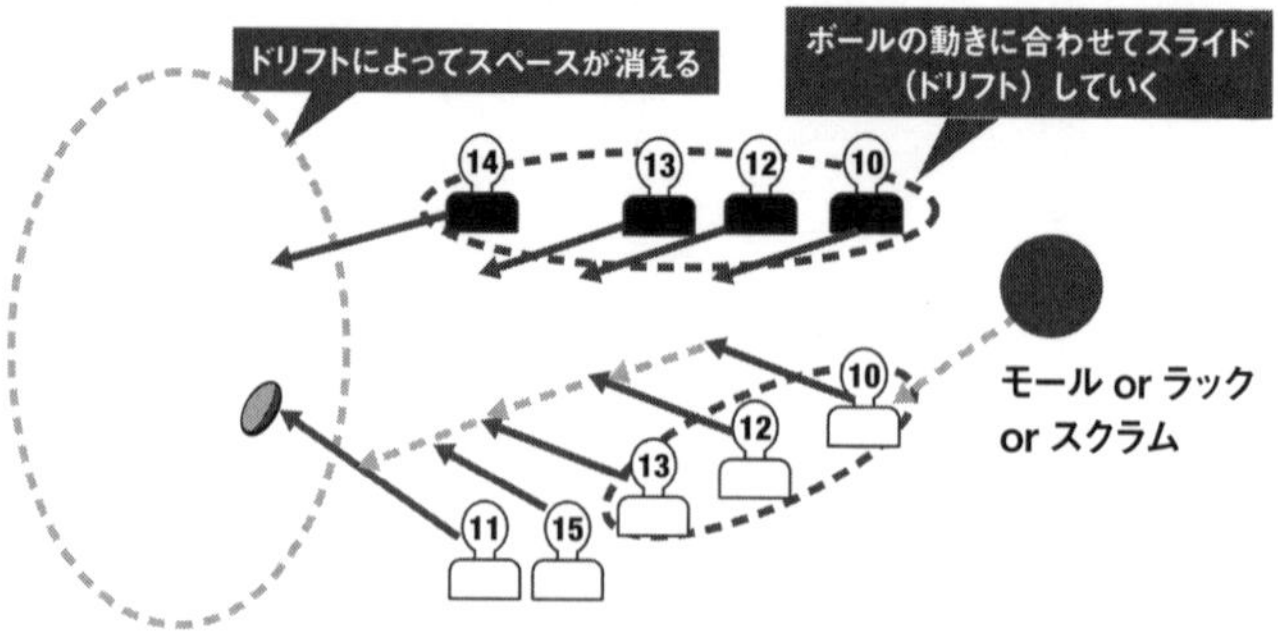

スライドディフェンスはボールとともに移動してスペースを埋める

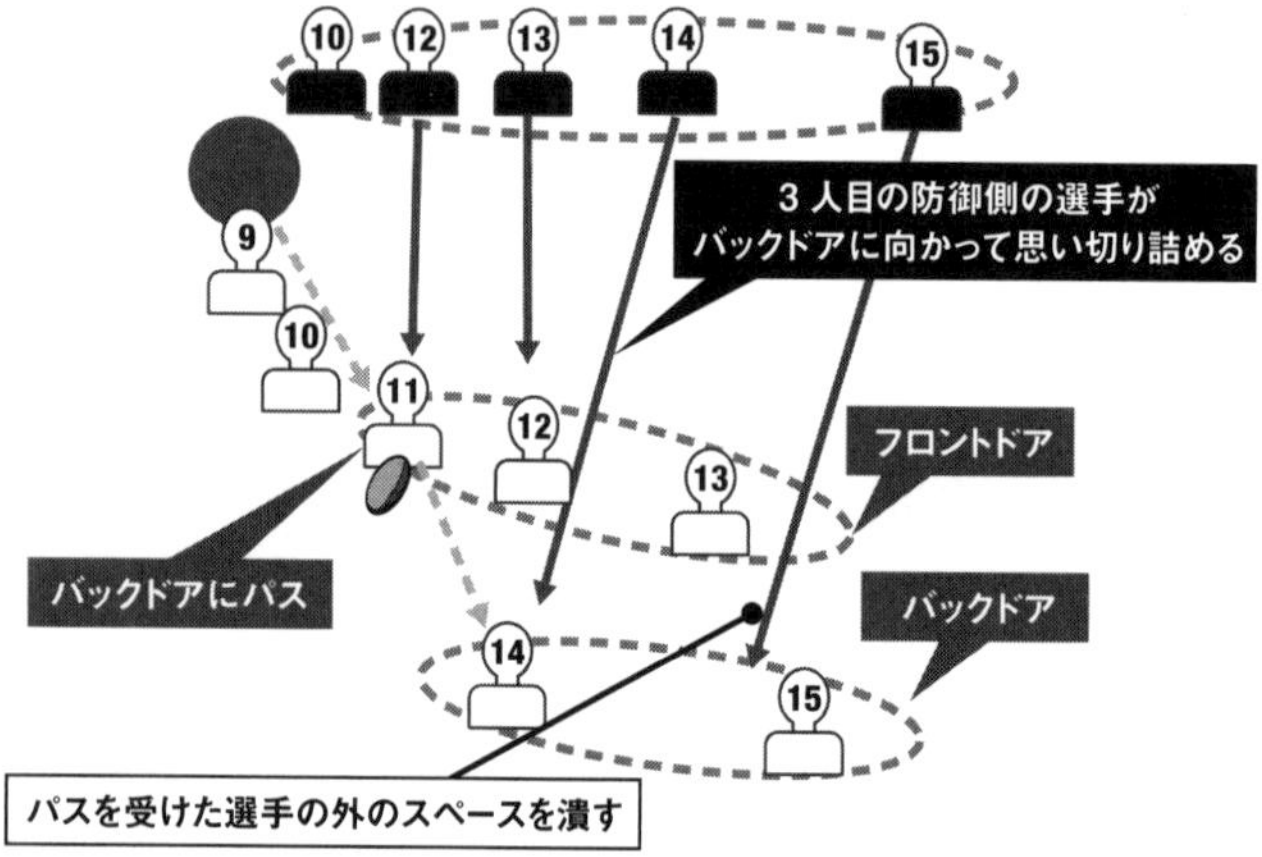

ラッシュアップディフェンスは激しく前に出てパスをする時間を奪う

フェンスは使いづらく、一般的にはスライドディフェンスになります。

ミッドフィールドにブレイクダウンがある状況では、スライドディフェンスで防御を突破されないようにして、攻撃側がエッジでブレイクダウンをつくったあとのエッジからの折り返しの攻撃に対して、ラッシュアップディフェンスで積極的に前に出てプレッシャーをかけます。

POINT

スライドディフェンスとラッシュアップディフェンスは状況によって使い分けられる

ラグビーの魅力、もっと教えて！

ラグビーの〝反則〟の多くは、その局面で〝負けている側〟に起こるもの

２０２１年までトップレフリーとして多くの試合で笛を吹いた経験を持つ加藤真也さん。そんな加藤さんに、レフリー視点から見たラグビーの魅力、さらには試合での裏話、今後のラグビー界について伺いました。

加藤真也さん
（元日本ラグビーフットボール協会公認A級レフリー）

かとう・まさや　1975年10月24日生まれ、京都府出身。嵯峨野高校から天理大学へ進学。卒業後は中学校教員として勤務し、部活動の指導をしながらレフリーの活動を始める。2013年からA1級レフリーとなりトップリーグを担当。2017年にはA級に昇格した。2021年、第100回全国高校ラグビー大会決勝をもってレフリーを引退。現在は日本ラグビーフットボール協会審判グループサブマネージャーとして、後進育成や環境のマネージメントにあたる。また勤務する島津製作所ではラグビー部Breakersのコーディネーターとして活動する。

現代ラグビーを理解することがレフリングの正確さにつながる

――加藤さんはこれまでもたくさんの試合を裁いてきたと思うのですが、レフリーをするうえでラグビーの「戦術」はどれくらい理解しておく必要があるのでしょうか？

加藤　戦術面については、知っていれば知っているほどプラスになるとは思います。そして、担当するチームの戦術理解も必要です。試合に向かう段階では、サインプレーの動き

をこと細かに理解するといった、チームがやるアプローチとは少し質が違うかもしれませんが。

――もう少し詳しく教えていただけますか？

加藤　大切なのは、大局的にどういったボールの動かし方をするのかや、チームの強みを知っておくことです。あとは「誰がチームのキーマンか」も意識しますね。戦術というよりはチームの「スタイル」と言ったほうがいいかもしれません。そのあたりはレフリングするうえで事前に頭に入れておいたほうがやりやすいです。

――加藤さんから見て、現代ラグビーの戦術はどう変化していますか？

加藤　ボールの動かし方も変わっていますよね。順目に展開するのが基本である時代もありましたが、現代はそうではありません。あと、これまでだったらボールに対してフラットに選手が〝バーンッ〟と走っていくプレーが多かったのが、今はボールに対してアタックラインが何層にも重なっています。

――それは試合中のレフリーの動きにも影響してきますか？

加藤　もちろんレフリーのよいポジショニング、ランニングコースには普遍的な部分はたくさんあります。ただ、現代ラグビーにアジャストしないといけない部分もある。そういう意味では、これまでレフリーの〝基本〟とされていたことから多少抜け出さないといけない面もあると感じています。

——現代ラグビーの戦術を知らないと、レフリングにも影響が起こりえると。

加藤　そうですね。つまり、戦術を勉強することで、レフリングに生かせることもたくさんあります。

——加藤さんがレフリーとしていちばん大切にされていたことはなんでしょうか?

加藤　ラグビーというのはその日、その試合に向けて両チームが練習したこと、それこそ〝戦術〟やスタイルをぶつけ合って勝敗を決めるスポーツです。なので、レフリーとして試合をする両チームが力を十分に発揮できる試合になることを最も意識していました。これは私自身がプレイヤーとして、また指導者としてベンチにいた経験もあることが影響しているのかもしれません。

——具体的に試合の中ではどういった意識を持っていますか?

加藤　たとえば「こういうレフリングをしたい」とか、「ミスしないように」とかいうことも大切ではないとは言いませんが、そのような自分軸の考えよりかは、試合の空気感、熱みたいなものを常に大事にする。あたりまえのように聞こえるかもしれませんが、むずかしいことです。言葉が適切かはわかりませんが、そうすることで両チームの力を結果的に「より引き出す」ことにつながればいいなと思います。もちろん、それが仇《あだ》になって逆にチームや観客に理解されにくい判定となったこともあります。ただ、心の中ではいつで

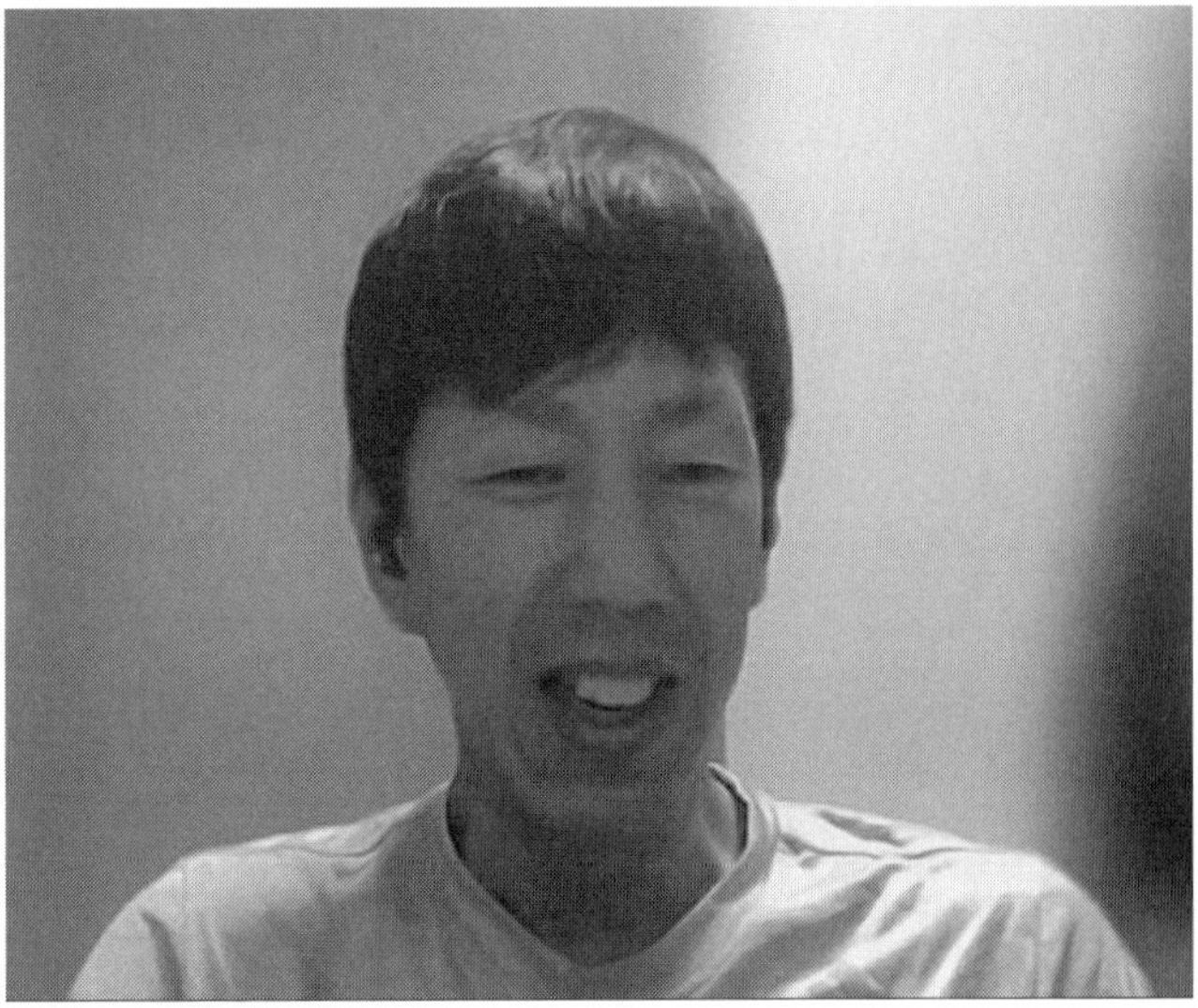

もみんながのびのびとプレーして、力を発揮してくれることをいちばんに願ってレフリングしていましたね。

――当然、そのためには前提としてレフリングの正確性も求められますよね。

加藤　そのとおりです。正しいプレーのうえでの力の発揮です。レフリーはその局面の判定そのものに対して正否を問われ、上手い下手を言われるケースが多いです。ただ、実はその一つ前、どんなポジションにいて、どこで判定できたかという点が正確性を高めるのにかなり重要です。

――〝どんな〟判定をするかの前に、〝どこで〟判定をするかがポイントだと。

加藤　「カメラアングル」をイメージしても

らえるとわかりやすいと思います。たとえば特にダブルラインなどで層が重なっているようなプレーでは、アングルが悪いと良い画が撮れません。つまりレフリーのポジションが悪いと、正確なジャッジができないわけです。では、どうやって良いカメラアングルを確保するかというのをレフリングに置きかえると、試合中どこを走って、どうポジショニングするかなんです。そこを突き詰めれば、結果として判定の正確性も増し、より安定すると思います。

——ある程度、プレーを予測できる目がないとむずかしいですよね？

加藤　はい。たとえばスクラムハーフがボールを投げるとき、パスが飛んだ方向を見てからスタートしたのでは遅い。その前、スクラムハーフが投げる方向に足を出そうとした瞬間に「あ、こっちに行く」と判断できてスタートを切る準備が整っていないと、ここで2、3歩遅れてしまいます。最初の数歩の遅れも、積み重なれば結果的に何メートルにも積み上がってしまうので、「どこにボールがいくか」は常に予測する必要があります。そのためにある程度の〝戦術〟の理解が必要になってきます。

——たとえば、試合を円滑に進めるためにプレイヤーや試合を観ている側に、たとえば笛の強弱をつけるなど、レフリングの意図を伝えるために工夫していることなどはありますか？

加藤　細かな部分ではたくさんあります。一つ例を挙げるとアドバンテージを出すケースです。明確に伝わるようにします。アドバンテージを出すということは、その間にアタック側が展開を有利に進めていくことを期待するから。もちろん、別に片方のチームを応援しているわけではなく、試合をダイナミックなものにするための「よし、いけよ」という合図のようなものです。

何かが起こったときは〝優先順位〟を意識して判定する

――少し質問を変えさせてください。特に初心者の方からすると、タックルからラックになる部分ってすごくむずかしいプレーだと思います。レフリーの視点で考えたとき、そのシーンではどんなところを注意して見ていますか？

加藤　タックルが起こった場面、まずはタックルそのものが正しくできていたかを見ます。バインドができているかや、高さに問題がないかといった部分ですね。そのあとはタックラーのロールアウェイ（タックルをした選手が倒れたままその場から動かずに相手のプレーを邪魔するとノットロールアウェイという反則になる）の部分。このタイミングでジャッカルのプレイヤーがボールに絡み、ノットリリースザボールとノットロールアウェイがほぼ同時に起こっているように見えるシーンもあります。
レフリーが「ロールアウェイファースト」と説明している場合がありますが、ロールアウェイできていないことが原因でボールに絡まれる状況が生まれたというシーンです。要は反則をとるべき優先順位があるということです。いちばんがロールアウェイで、その次にボールのリリースなどのボールキャリアの反則、そして到達したプレイヤーの反則がある。そのあたり、何を優先して見るのかの〝順番〟は意識しなければなりません。一方、勢いや人数など全体像も捉えないといけません。
――レフリーとして、チームのコーチに求めるものはありますか？

加藤　いちばんはやってきたことを試合で出せるようポジティブに臨んでほしいということですね。ベクトルを自分たちがやってきたことを出すということに向けてくれれば。ただ、試合によってはレフリーに対してベクトルが向いているケースがあるので、たくさん笛を吹かざるを得ない場合もありますね（苦笑）。
――たまに、そういうシーンは見られますよね（笑）。

加藤　私は、吹かなくていいのであれば笛ゼロの試合が理想と思ってピッチに立ちました。ただ、ズルをしながらこっち（レフリー）にチャレンジしてくるようであれば、負けてられんし、（笛を）吹くよ、という思いにはなりますね。もちろん、ゲーム中にベクトルがレフリーに向いてくるような展開では、レフリー自身のミスがきっかけだったり……ということもありますから、そうなった試合のことは真摯《しんし》に受け止め、さらなるスキル向上に努めていかなければなりません。

チームにもファンにも、多くの情報が共有される場があってほしい

——「ラグビーはルールがむずかしい」と感じている初心者の方に対してレフリーとしてどんな部分に注目すれば試合を楽しめるか、アドバイスをいただけますか？

加藤　たとえば「反則」については基本的にその局面において負けているほうに起こることが多いです。そう考えればシンプルなのかなと思います。たとえばノットロールアウェイがなぜ起こるかというと、その一つにはタックラーが押し返せず受けたようなタックルになって、ボールの邪魔になるポジションにいるような状態になってしまうことに原因があるわけです。

——細かな反則の工程まで理解するのではなく、「あ、この局面では負けていたから笛が吹かれたんだな」くらいの感覚でいい、と。

加藤　そうですね。笛が鳴ったときに「なぜ負けたんでしょう？」くらいの視点から観始めて、少しずつラグビーを覚えていくほうが

楽しめる気はします。

——最後の質問です。すごく広い話になってしまいますが、今後ラグビー人気を高めるうえで必要なことはなんでしょうか？

加藤　私は今、リーグワンの所属ではない社会人リーグのチームにかかわっています。メディアでの露出などは少ないですが、これはこれでおもしろい。いろいろなバックボーンや文化、スタイルがあって、それを大事にプレーしているチームがたくさんあります。ただ残念ながら、それがあまり一般の方に伝わっていないのかな、と思う部分もありますす。リーグワンももちろんそうですが、すべてのリーグにおいて、そのリーグ自体と所属するそれぞれのチームの価値を地道に高めて、それを広めていくことが重要ではないでしょうか。

——リーグの価値、チームの価値、さらにはラグビーの価値を上げるためには、具体的にどんなことを進める必要があると思いますか？

加藤　かかわるそれぞれの立場での個別の取り組みはもちろんですが、これまで以上にラグビー界全体で連携していく必要があると感じています。

——競技性の理解を深めるという視点でいうと、たとえばサッカーは試合後にどういう戦術を使っていたかをファンに伝えたりする媒体もありますね。

加藤　Ｊリーグの公式ＹｏｕＴｕｂｅチャ

ンネルに「ジャッジリプレイ」っていうコーナーがあって、そこで「あの判定はどうだったのか」みたいな検証をしていますけど、すごくおもしろいですよね。もちろん、レフリー側としてはさまざまな見方をする人もいるので怖さもありますけど（笑）。

――本来は門外不出の戦術や、判定の基準を検証する場があるのも、ファンにとってはうれしいですよね。

加藤　私も「昨日の試合のレフリーのあの判定はどうだったんですか？」というような裏話を聞かれるケースがあります。試合中では伝えきれない部分の「なぜ」に回答する場があれば確かにおもしろいし、有意義かなと思います。

――野球などは、ファン同士が試合後に「あの判定はああだ、こうだ」と議論するのがあたりまえだったりしますよね。

加藤　もちろん、ラグビーの場合はルールがより複雑でわかりにくい、という理由はあるでしょう。ただやはり、そういう場があることで競技がより浸透したり、ファンの方に広く受け入れられたりすることもあると思います。ラグビー界にもそういう発想が広まってくれればいいですし、そういう環境がより整っていくようにしていきたいですね。

第3章

ラグビーの戦術を紐解く

前章までを読んで、ラグビーの基本構造とラグビーの戦術を理解するための基礎知識を理解されたものと思います。本章では、具体的なラグビーの戦術とはどのようなものなのかについて言及していきます。

1 セットプレーからの構造

セットプレーとは、ボールと人を決まった形に配置して試合を開始または再開するプレーのことで、具体的にはスクラム、ラインアウト、キックオフの3種類があります。

セットプレーのなかでもスクラムとラインアウトのときは、ＦＷが一ヵ所に固まっているので、ＢＫは広いスペースを使うことができます。とくに自陣でのセットプレーでは、防御側はキックに備えてフィールドの後方に人を配置しなければならないため、攻撃側は広いスペースで「6対4」といった状況をつくりだすことができます。

つまり、自陣のセットプレーでは、ボールを外側に回すことで容易に前進を図れるので、攻撃側にとってはボールを大きく動かすことが、試合を優位に運ぶポイントになります。

相手防御に仕掛けてパスをすると、パス先に詰められる可能性があり、自陣深くでは、それがそのままスコアにつながるリスクがあります。したがって、自陣22メートル内のセットプレーでは、できるだけボールを下げずに少ないパス回数でラインのいちばん外側までボールを運ぶのが理想的です。

POINT
自陣でのスクラムやラインアウトは外側がチャンス

CHECK 1
エリア別のスクラムからの攻防

タッチラインから15メートルより中央側のスクラムでは、両サイドにアタックラインをつくることで、少人数でのオーバーラップの状況をつくることができます。

左サイドのスクラムでは、攻撃側が左サイドに2人、右サイドに4人を配置すると、防御側はボールの位置にSHを配置したときに「2対1」の状況をつくりたくないので、攻撃側

左サイドでのスクラムからの攻防

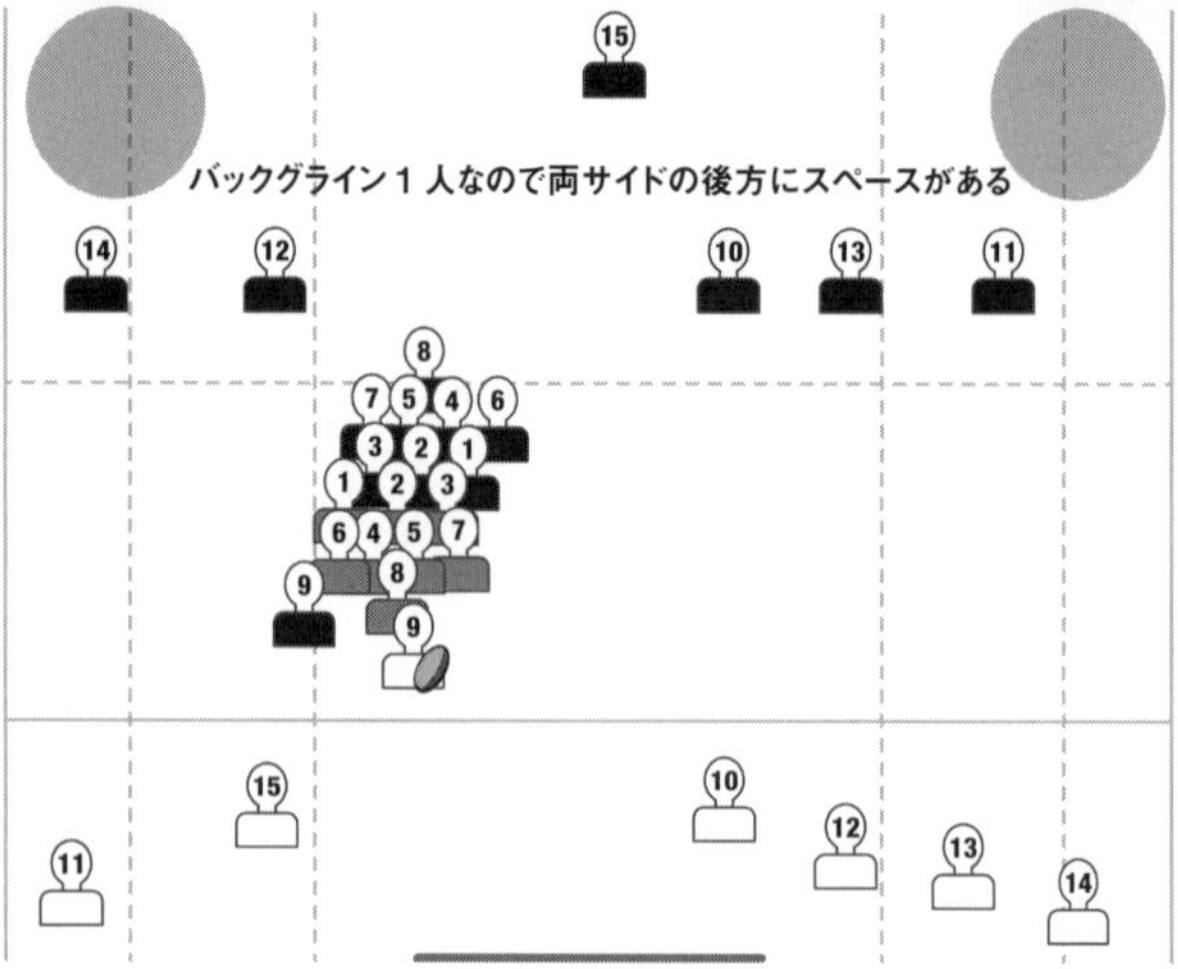

攻撃側が左サイドに２人、右サイドに４人を配置、防御側は攻撃側の左サイドに２人、右サイドに３人を配置すると、バックラインが１人になるため、攻撃側はキックでエリアを前進させる

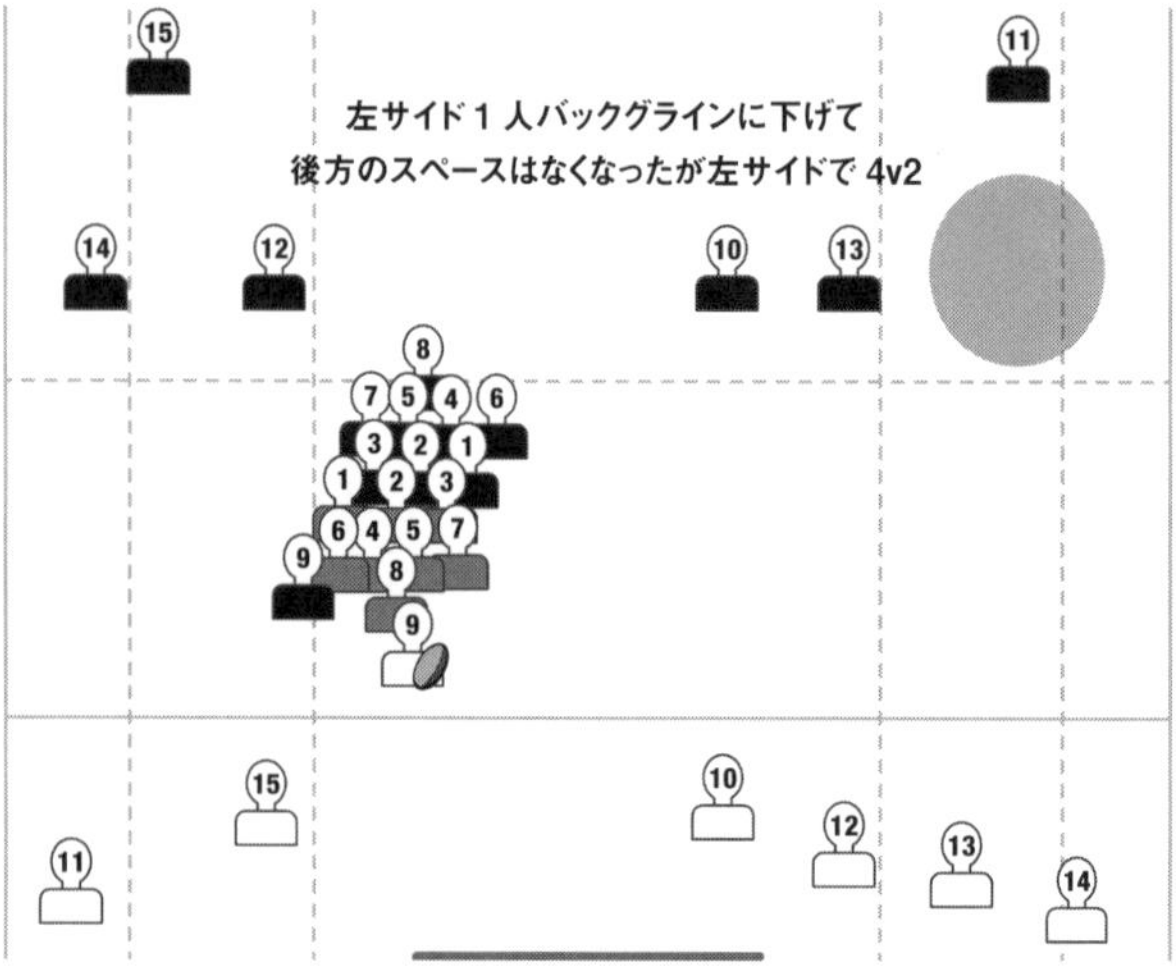

バックラインに２人を配置すると、攻撃側の右サイドが優位となる

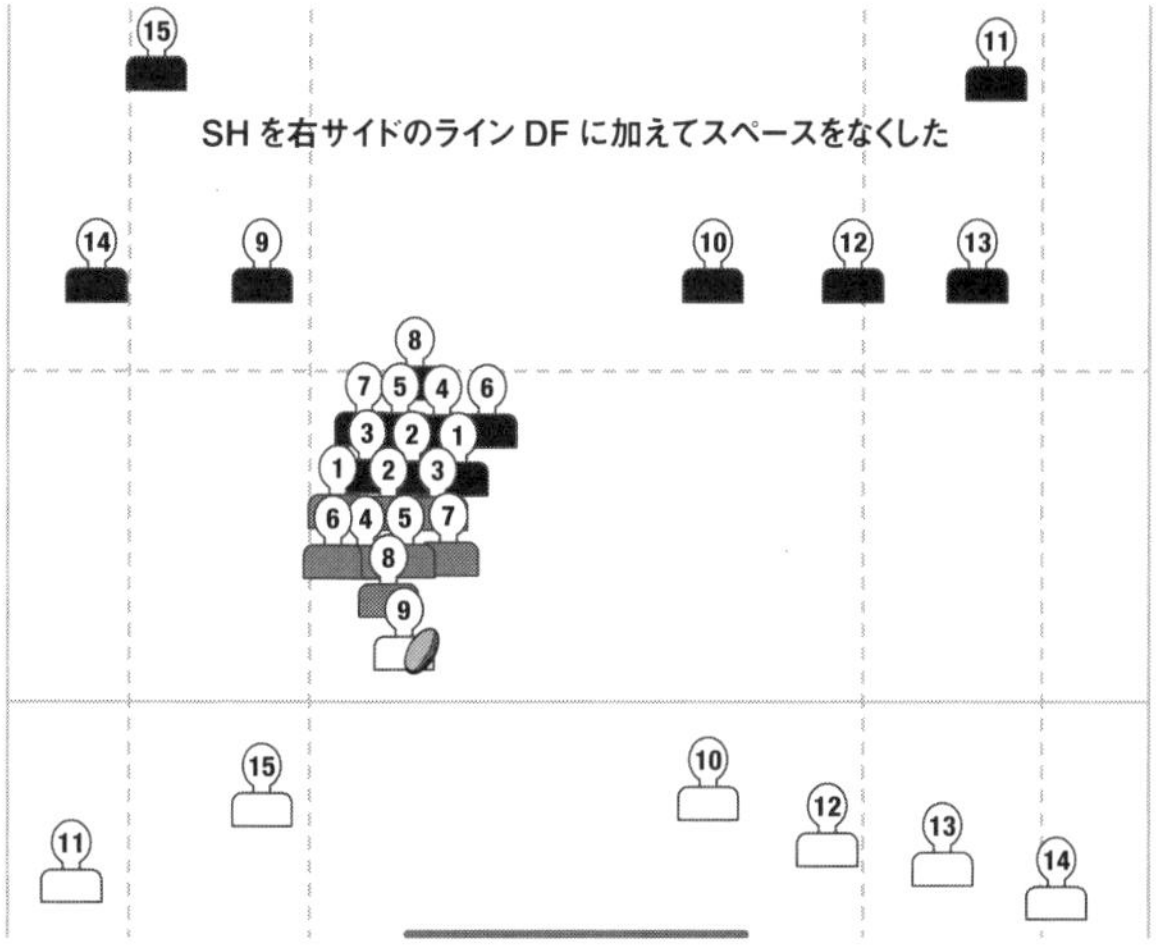

SH を防御ラインに入れることで数的不利を最小限にしてバックライン
を守る

ミッドフィールドでのスクラムからの攻防

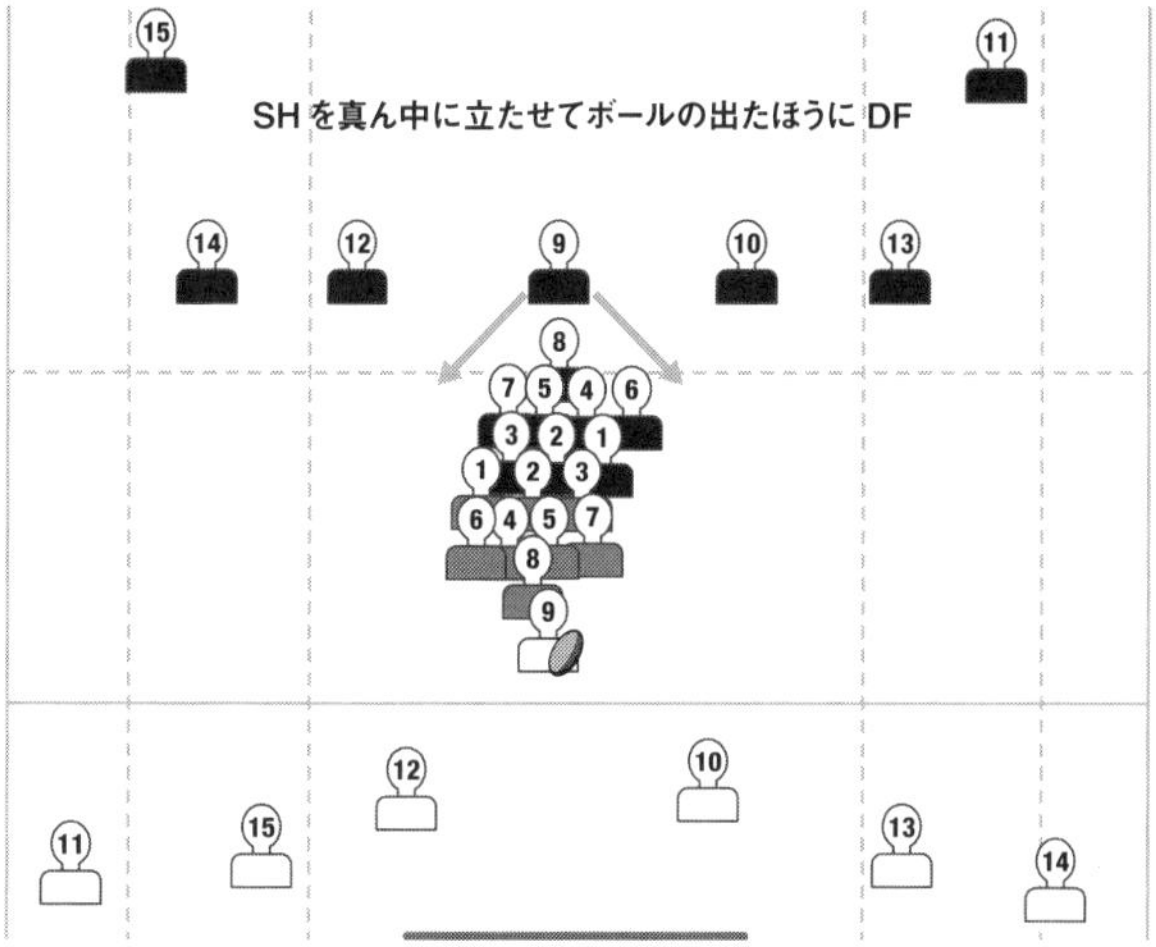

攻撃側が両サイドに３人ずつを配置したときに、防御側は両サイドに２
人ずつを配置し、SH をスクラムの真後ろに立たせて、ボールが出た方
向に走らせて防御するほうがリスクは少ない

の左サイドに2人を配置します。そして、攻撃側の右サイドに対して防御側が3人を配置すると、バックラインが1人になり、バックラインに大きくスペースが生まれます。そのため、攻撃側にはキックで大きくエリアを前進させるチャンスが生まれます。

もし、防御側がバックラインに2人を配置すると、攻撃側の右サイドは「4対2」となり、攻撃側は大きく有利になります。

この場合、防御側のSHは防御ラインに入ると、スクラムから相手SHがボールを出すところにプレッシャーはかけられないものの、「4対2」の数的不利を「4対3」として補えるので、効果的だと思います。

ミッドフィールドのスクラムも同様ですが、攻撃側が左右のサイドに3人ずつ配置したときの対応が防御側にとっては非常にむずかしくなります。

SHをどちらかのサイドに立たせて、「3対3」と「3対2」の状態にしたり、どちらも「3対3」にしてバックラインを1人にしたりするよりも、両サイド2人ずつ配置し、SHをスクラムの真後ろに立たせて、ボールが出た方向に走らせて防御するほうがリスクは少なくすみます。

ただし今は、攻撃側のＳＨをスクラムのどちらかのサイドに開かせて相手のＳＨを誘導し、ナンバーエイト（以下、No.８）がパスアウトすることで「３対２」にするなどの駆け引きが見られるようになっています。

もちろん、こうした場合に、スクラムを回すことで、その不利を補おうとする戦術もありますが、ここでは割愛します。

POINT
敵陣での相手ボールのスクラムではＳＨの立つ位置が重要になる

CHECK 2 ラインアウトからの攻防

ラインアウトでは、ＦＷ全員がラインアウトに並んだほうが、ＢＫのスペースは広くなります。ただし、ボールを獲得しやすくするためなどのラインアウトの事情や、その後の攻撃の考え方によって、戦術は多少異なってきます。

ラインアウトからの攻防

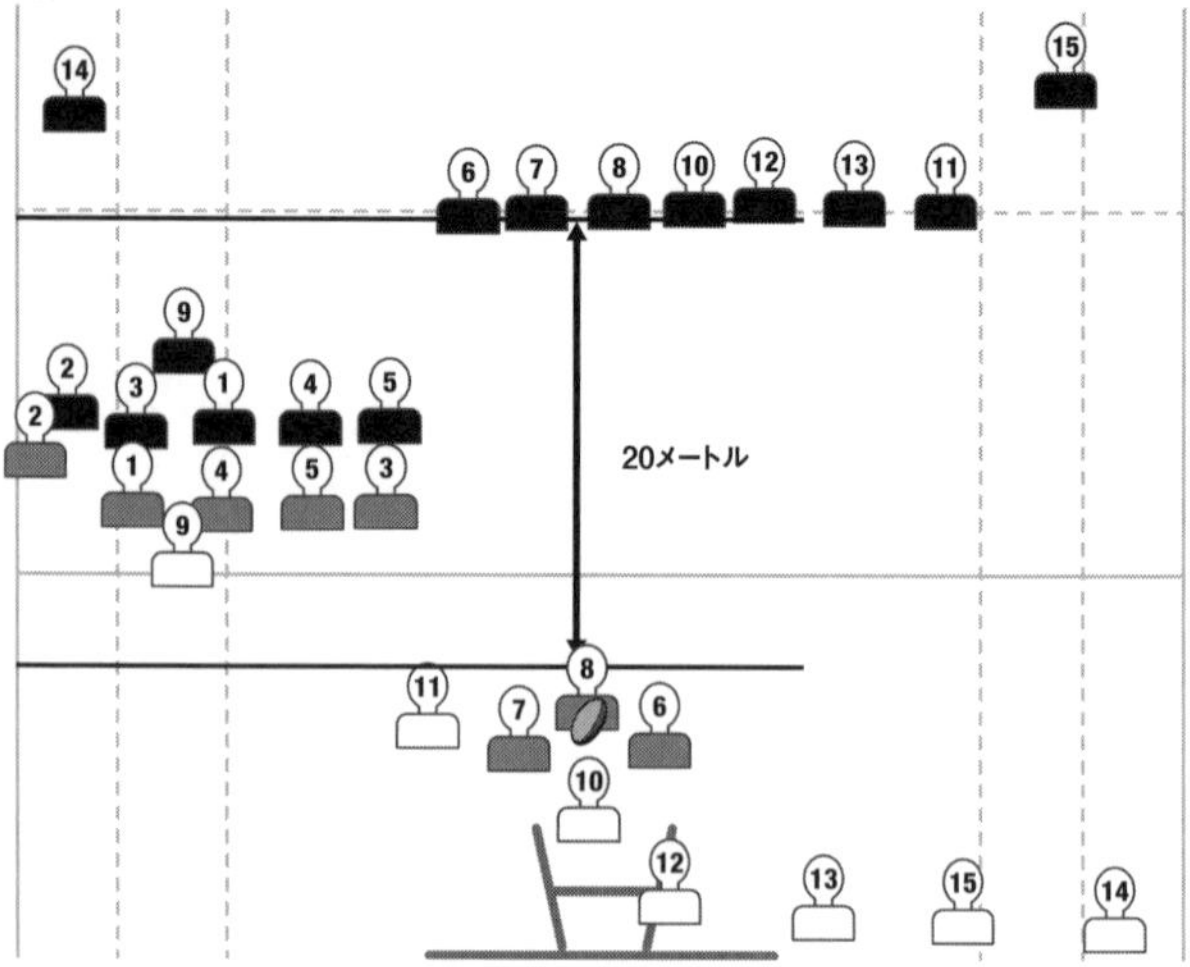

オフサイドラインが10メートル後方にあるので、ラインアウトとBKラインのトランジションギャップを攻撃するために、ラインアウトに並ぶFWの人数を少なくし、ラインアウトに参加していないFWの選手に、そのギャップを攻撃させる

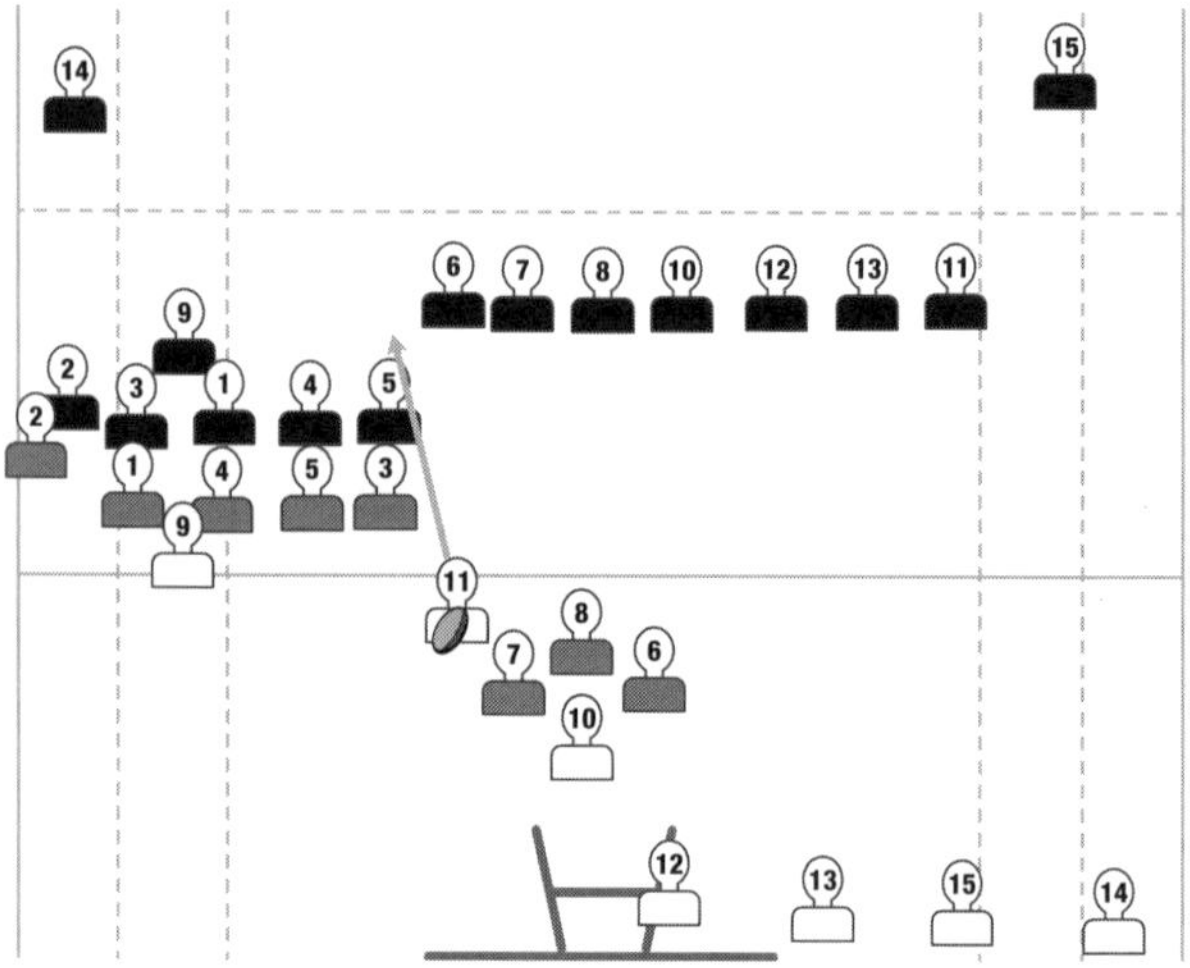

ラインアウトとラインDFの切れ目に走り込んでより大きなゲインを狙う

ラインアウトでは、オフサイドラインが10メートル後方にあるので、ラインアウトとBKラインのトランジションギャップ（オフサイドラインの違いによって生まれる構造的なスペース）を攻撃するために、ラインアウトに並ぶFWの人数を少なくし、ラインアウトに参加していないFWの選手に、そのギャップを攻撃させることがあります。

スクラムでも5メートルのオフサイドラインがあるので、そのギャップをブラインドサイドのWTBに攻撃させることもありますが、ラインアウトはそのギャップが広いので、より攻撃しやすいと思います。

POINT
ラインアウトではオフサイドラインのギャップに注目

2 フィールドアタック

セットプレーからの攻防が終わると、それ以降の、すなわちフィールドアタック（2次攻撃）に移行します。

CHECK 1

9シェイプからの攻防

フィールドアタックでは、セットアタックからシークエンスを使ってポッドをつくり、速いリサイクルで攻撃を連続させられている間はよいのですが、防御のプレッシャーにあって攻撃が停滞してしまうと、攻撃を仕切り直す必要があります。

ラグビーが高度に組織化されていなかった1990年以前には、停滞した状態からはムーヴを仕掛けて突破を計ったり、パワーのあるFWの選手が走り込んでタックルを打ち破ってゲインすることで局面を突破したりしていました。しかし、防御が高度に組織化された現代では、そうした攻撃で防御を打ち破るのは困難となっています。

そこで、停滞した状態から9シェイプを走り込ませて防御をくずそうとするのではなく、9シェイプを使って意図的にブレイクダウンをつくるようになりました。このとき、最初からゲインを狙うのではなく、ブレイクダウンのリサイクルを速くして、防御側のポジショニングが整う前に攻撃を開始し、フェイズ（連続した攻撃の回数）を重ねながら防御のほころびをつくっていくのが一般的な考え方となっています。

停滞した状態からの9シェイプは真っ直ぐ走り込むのではなく、カットアウトを使ってより外側でブレイクダウンをつくるようにします。これにより、防御側のFWの選手のフォールディング（順目側へのポジショニング）をより困難にすることができます。フォールディングが遅いからといって、外側の防御側の選手が内側に寄ると、外側にスペースができるので、外側の防御側の選手はフォールディングを待つこととなります。このように外側の防御側の選手が内側に寄らずにポジショニングするディフェンスを「ロックディフェンス」と呼びます。

この攻撃の際のカットアウトも、最初から外側に向かって走ると、対面もそれについてきてあまり効果的ではなくなるので、対面を置き去りにするようにステップをうまく使ってカットアウトします。こうした停滞した状態から9シェイプがカットアウトでブレイクダウンをつくるプレイを「ドギーアタック」といいます。

POINT
停滞したあとの9シェイプはリサイクルのスピードがカギ

9 シェイプからの攻撃

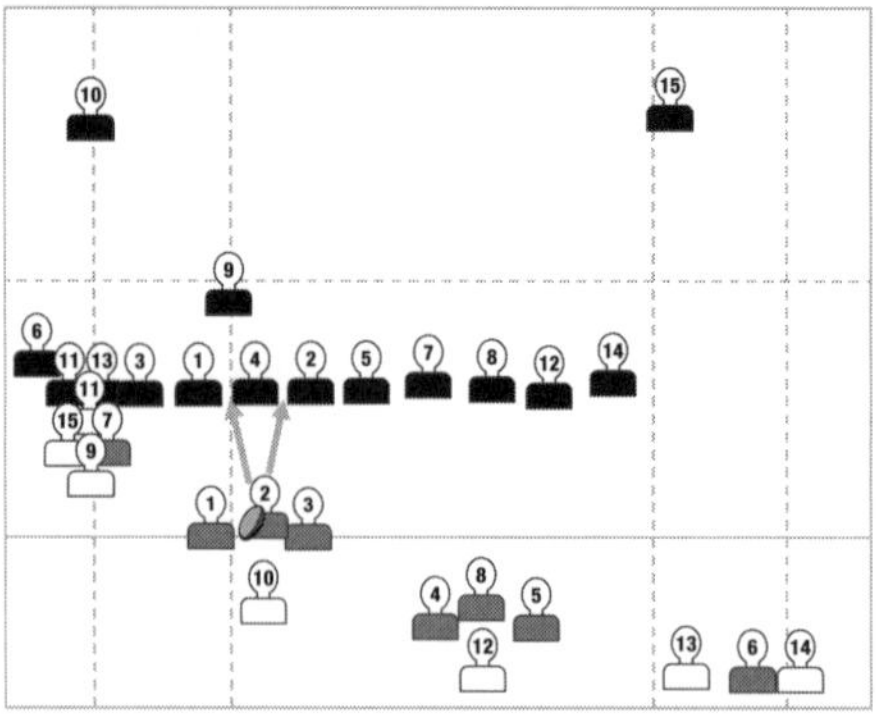

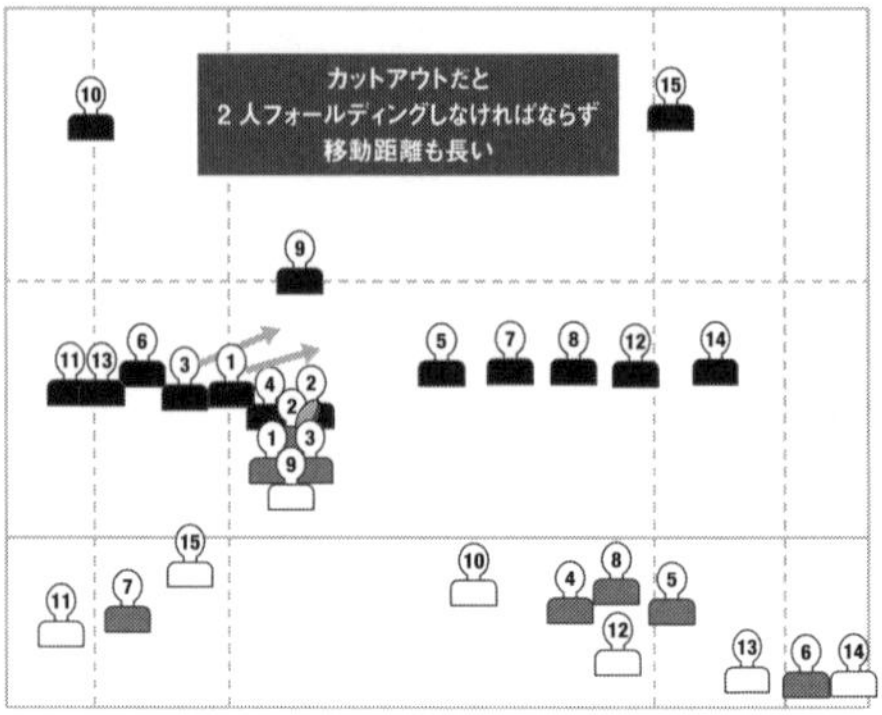
カットアウトだと
2 人フォールディングしなければならず
移動距離も長い

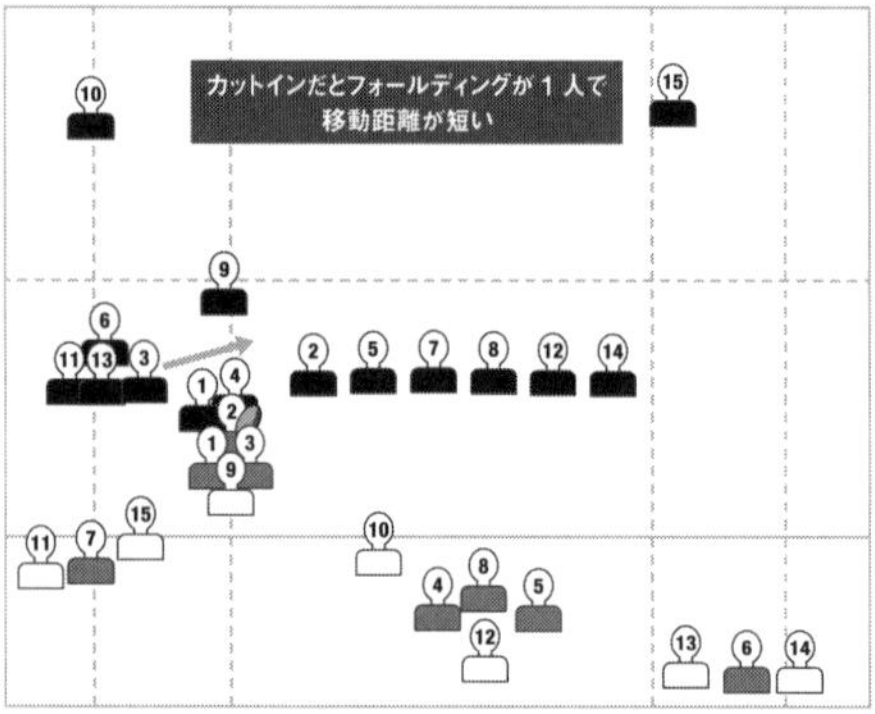
カットインだとフォールディングが 1 人で
移動距離が短い

3 エリアマネジメントの考え方

CHECK 1 キックでエリアを前進させるには

1章でもふれたように、ラグビーは相手陣地に侵入してスコアを奪うゲームです。ボールを前進させる手段は「ボールを持って走る」か「ボールを蹴って前に進めるか」の二つしかありません。スコアするためには、ボールを持って攻撃しなければいけませんが、自陣深くから攻撃してボールを奪われると相手にスコアされるリスクが高まります。

つまり、ラグビーとは、相手のスコアを抑えて、自分たちがスコアを奪うゲームといえます。

そのためには、キックを使ってエリアを前進させてゲームを進めていく必要があります。

一般的には、「スコアできるチャンス」と「スコアされるリスク」を考えたときに、自陣ではなく敵陣で攻防を進めたいと考えます。自陣では、敵陣へ侵入するためにパスやキックをどのように使っていくかということを考えます。

効果的にキックを使って前進するためには、相手のいないところにボールを蹴らなければいけません。

POINT
キックは相手のいないところへ蹴ってこそ有効

CHECK 2
キックのためのスペースのつくり方

そのためには、構造的に空いている外側のスペースを効果的に攻撃する必要があります。つまり、キックを蹴るためにパスやランを使うのです。自陣でパスを使ってボールを動かすのは、ゲインラインを突破されないようにオフサイドラインで横一列になっている「フロントライン」との戦うためだけではなく、バックラインとの駆け引きにも有効なわけです。

余裕を持ってバックラインをカバーするためには、フィールドの両端と中央に1人ずつを配置した「3バック」で守りますが、ここ数年、防御では前に出てプレッシャーをかけたいので、バックラインをフィールドの両端に1人ずつ配置した「2バック」にして、フロントラインに人数を割きます。

するとフロントラインは攻撃側が15人に対して、防御側は2人がバックラインに下がっているので13人となり、「15対13」の攻防となります。そこで、攻撃側はボールを外側に動かして、バックラインにいる防御側の選手を上げることで、バックラインにスペースをつくりだすことができます。

とくにセットプレーからの場合、BK同士での広いスペースの攻防になるので、外側のスペースを攻略しやすく、バックラインも動かしやすくなっています。

自陣ゴール前は別ですが、自陣22メートルライン内だからといって最初からキックを使うのではなく、より地域を前進させるために思い切ってボールを外側まで動かして、相手のバックラインと駆け引きをしてスペースを生みだすことも考えます。

自陣での攻撃の目的は「敵陣侵入」であり、パスやキックはそのための手段としてとらえればよいと思います。

キックのためのスペースのつくり方

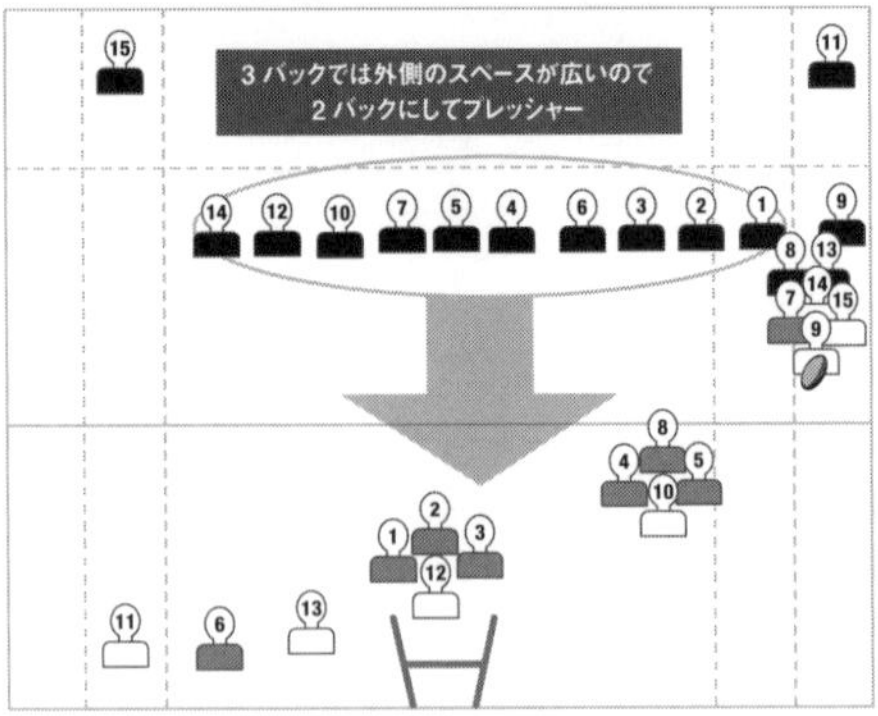

防御側はバックラインをフィールドの両端に1人ずつ配置しして、フロントラインに人数をかける

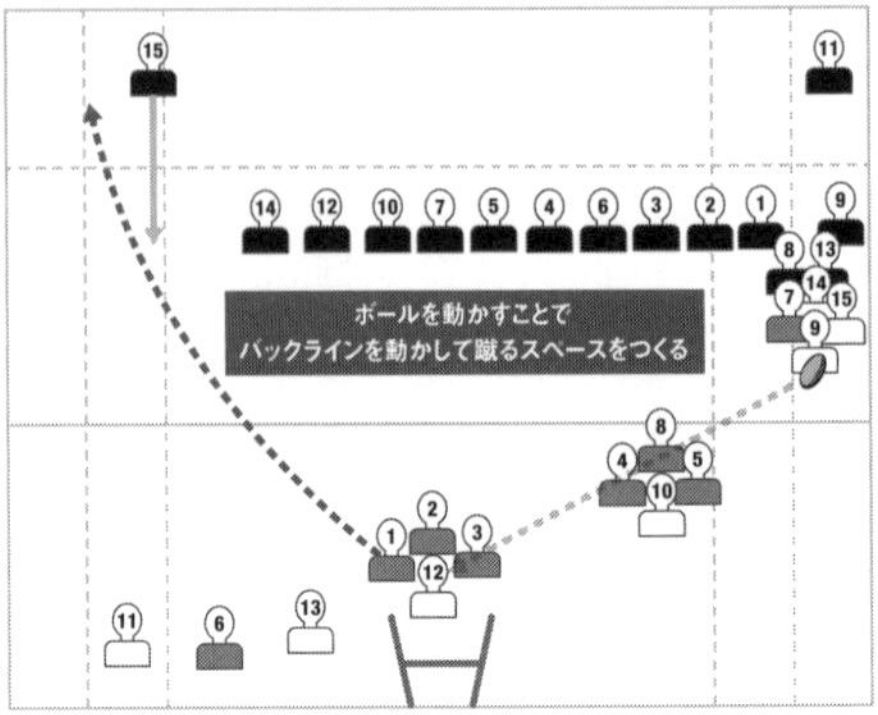

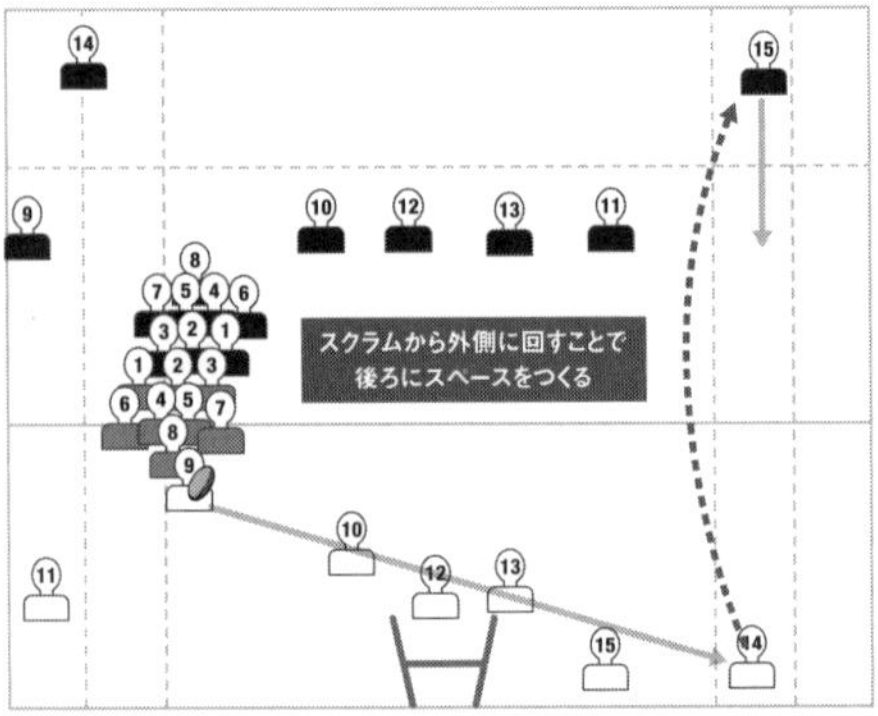

攻撃側はボールを外側に動かして、バックラインにいる防御を上げることで、バックラインにスペースをつくりだすことができる

相対的な力関係によって、キックを蹴らずともマイボールをキープして敵陣に侵入できるのであれば、キックを蹴る必要はありません。また、点差と時間の関係上、自陣からボールをキープしながら攻撃することはあるかと思いますが、敵陣に侵入するためにキックを使う割合は高くなります。

POINT

有効なキックのためにこそパスやランを使う必要がある

4 キック後の攻防

CHECK 1 自陣22メートルライン内でのキック

リーグワンやテストマッチクラスの選手には、50メートル以上のロングキックを蹴られる選手もいます。そのため、自陣22メートルライン内でのブレイクダウンやセットプレーからのキックでハーフウエイラインを超えることもあります。

そういう意味では、自陣22メートルライン内から直接タッチキックを狙うことは、「自陣脱出」という目的を達成しているといえます。

また、自陣でのスクラムから攻撃する場合は、防御側がバックラインを守るために構造的なスペースが存在するため、ボールをエッジに運んでバックラインを動かして、蹴るためのスペースをつくりだすことも考えられます。


キックオフレシーブ（キックオフを蹴られる側）では、ロングキックを蹴ることや、エッジまでボールを動かしてからキックを使うこともありますが、最近はＳＨからのボックスキックを使うことがふえてきました。

ボックスキックの飛距離は20〜25メートルなので、自陣22メートルライン内からではハーフウェイラインに届きませんが、ボールの再獲得を狙って使います。

また、自陣22メートルラインから自陣10メートル付近でのラインアウトからの攻撃の場合も、モールを組んでＳＨのボックスキックを使うこともよくあります。

50メートルの飛距離を飛ばせるキッカーがいる場合、自陣22メーチルラインの外側でのスクラムでは、ロングキックを使うことが多くなります。

ただし、普通にロングキックを蹴って、相手にクリーンキャッチされると、敵陣22メートルライン付近まで蹴り込めたとしても、こちらのチェイスが来るまで走ってくるので、自陣22メートルラインの深い位置まで蹴り返されたり、ハイパントで自陣側でのキャッチの攻防になったりしてしまいます。

チェイスが遅かったり、キッカーの飛距離が勝っていたり、もしくは相手のバックラインのポジショニングが組織化されていなかったりした場合は、キックを蹴られるスペースが生まれるので、蹴り勝つことができます。しかし、そうでない場合は、タッチライン側に真っ直ぐにロングキックを蹴るだけでなく、防御がいない中央のスペースを狙ってキックを蹴り込み、バウンドしている間にチェイスラインを上げて、相手が余裕を持ってキックを蹴られない状況にして、ロングキックの攻防を有利にします。

そこで相手がタッチキックを狙ってくれれば、ハーフウエイライン付近でのマイボールのラインアウトになります。また、もしノータッチのロングキックを蹴ってきた場合は、22メー

自陣22メートル内でのキックの攻防

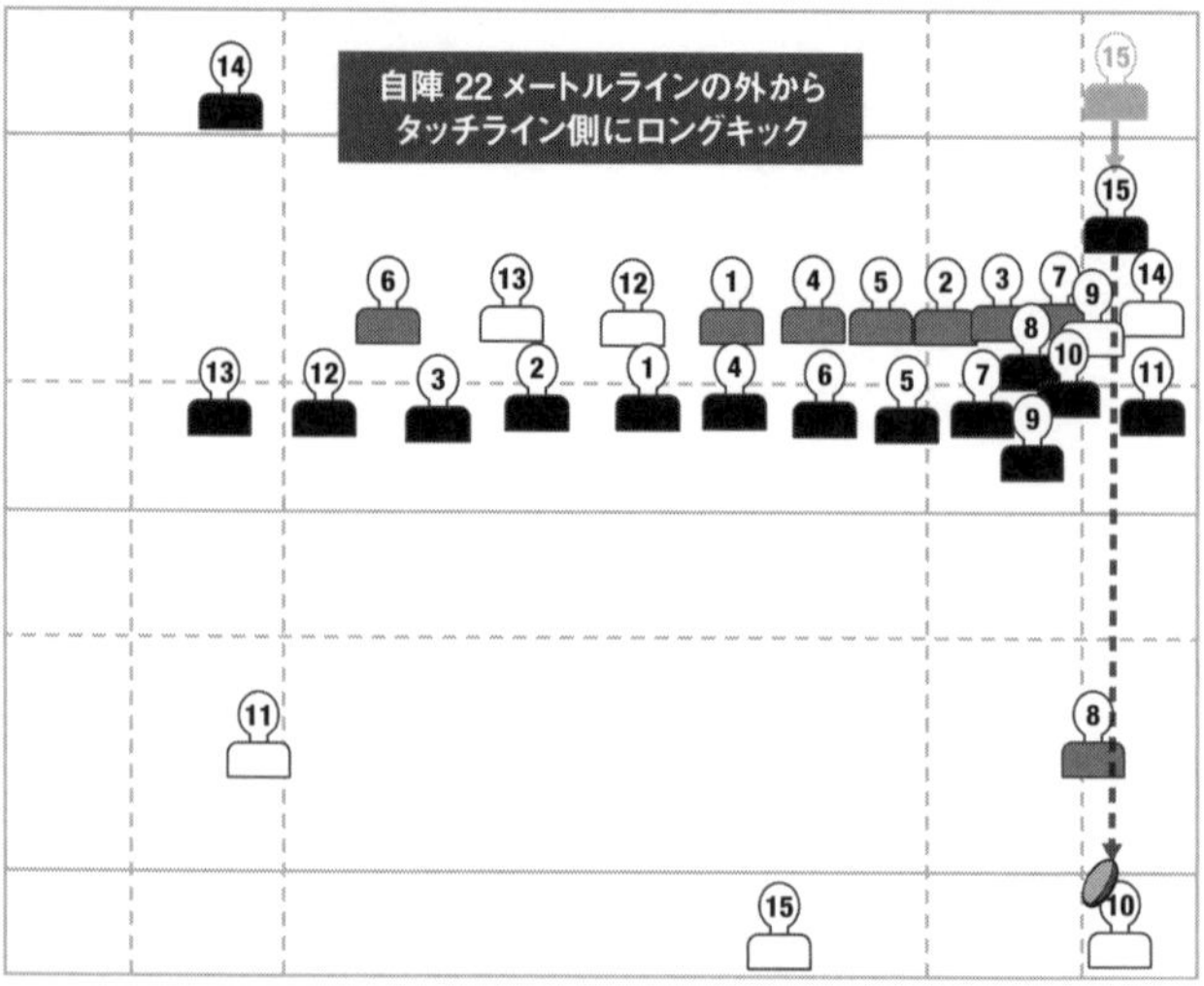

相手にクリーンキャッチされると走りながら蹴られるので蹴り負けてしまう

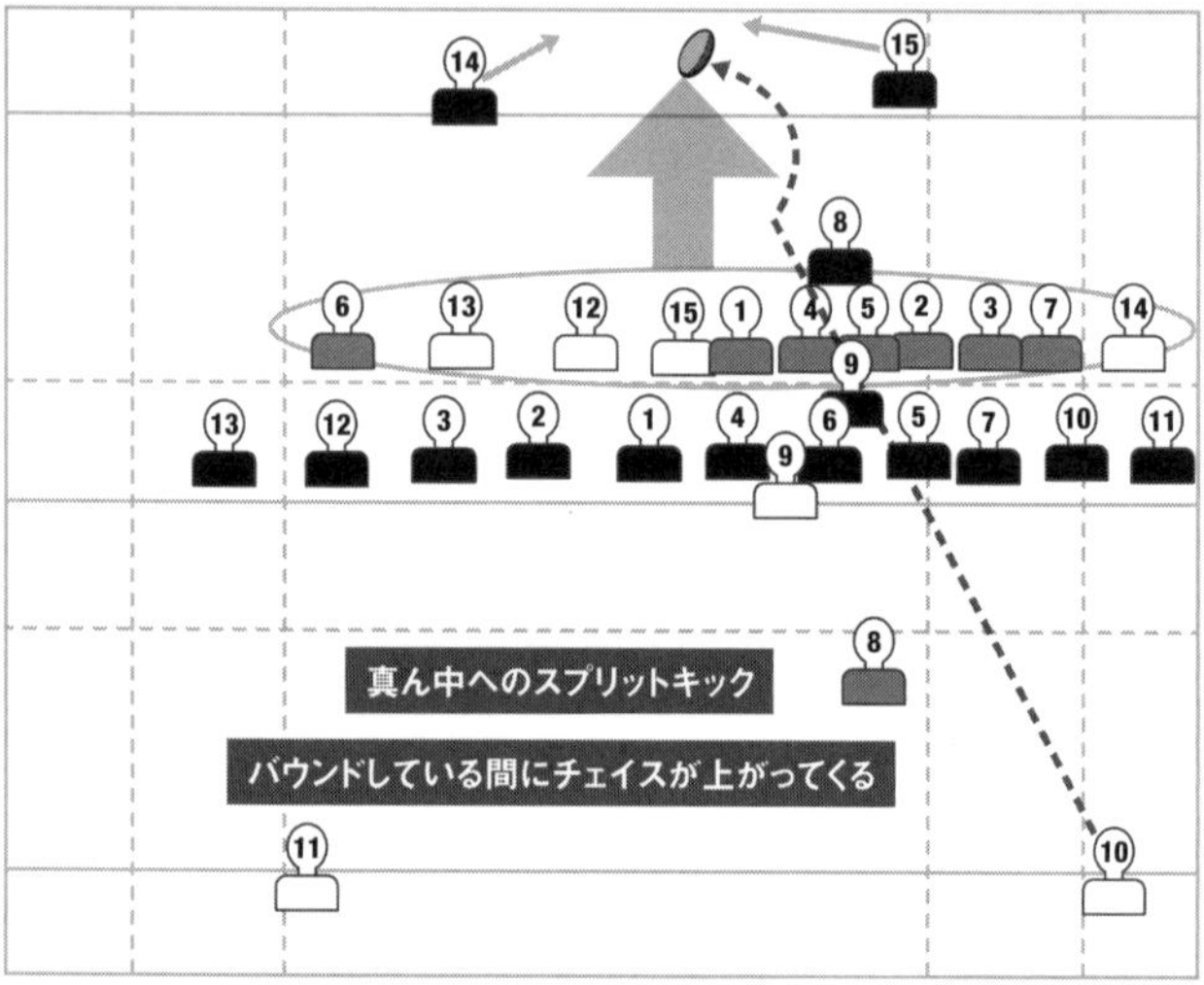

相手のいないところに蹴ってバウンドしている間にチェイスラインを上げる

トル付近よりも敵陣側でのキックレシーブとなり、次に考えるのは自陣10メートル付近でのキックの攻防になります。

POINT

22メートルライン付近ではロングキックの攻防が展開される

CHECK 2 自陣10メートルライン付近でのキック

自陣10メートルライン付近では、さらにロングキックを蹴り込んで、相手に自陣深い位置からタッチキックを蹴らせたり、インゴールの中にボールを転がしてゴールラインドロップアウト（くわしくは36ページを参照）を狙ったりするのも一つの手段ではあります。しかし、タッチキックを蹴らせるよりも、防御側が整備しきれていない状況から攻撃を始めるために、自陣10メートルライン付近ではハイパントを使うのが主流になっています。

こうして、ハイパントを使ってエリアとポゼッションの両方の獲得を狙います。

ハイパントの飛距離は20～25メートルなので、自陣10メートルライン付近からハイパントを使うと、敵陣10メートルライン付近でのキャッチの攻防になります。
もし、ボールをキャッチできなかったとしても、敵陣10メートルライン付近まで侵入できたことになり、エリア戦略上は成功と言えます。

キャッチした側もボールを動かしながらバックラインを動かしてキックを蹴られるスペースを生みだすことは考えられますが、そのスペースが生まれないのであれば、同じようにハイパントを使ってエリアとポゼッション（ボール保持）の獲得を狙います。

つまり、自陣10メートルライン付近では「ハイパントの攻防」という構図が出来上がります。

パスやランによる「カウンターアタック（防備から一転して攻撃に移ること）」を仕掛ける基準としては、ブレイクダウンのできる位置がハーフウエイラインを超えられるかどうかを見ていきます。

キャッチした場所が自陣であっても、相手のチェイスの状況と味方のサポートの状況を勘案して、カウンターアタックを仕掛けるか、キックを蹴るかの判断をします。

自陣10メートル付近でのキックの攻防

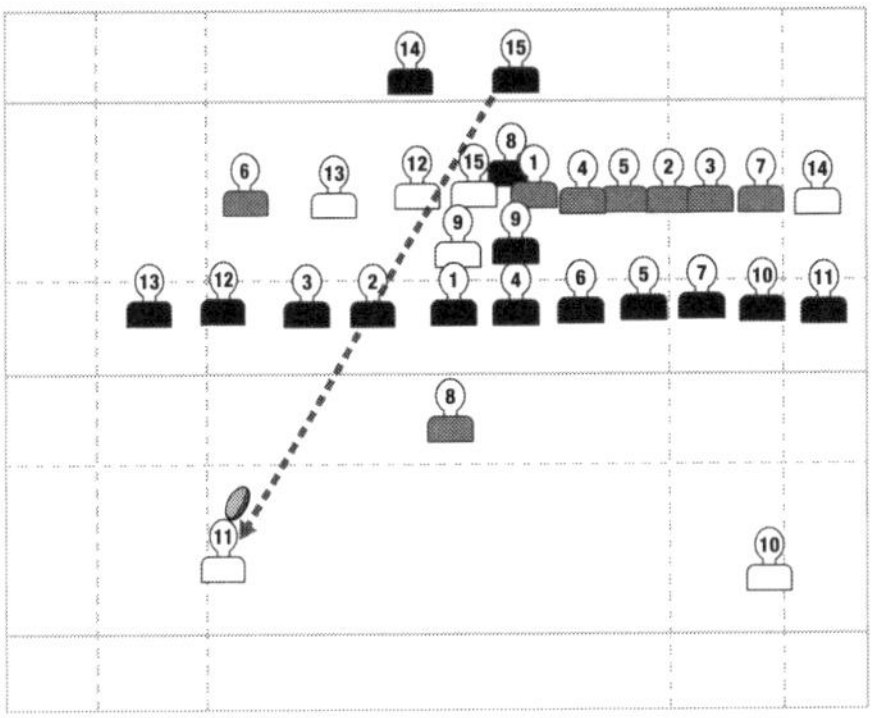

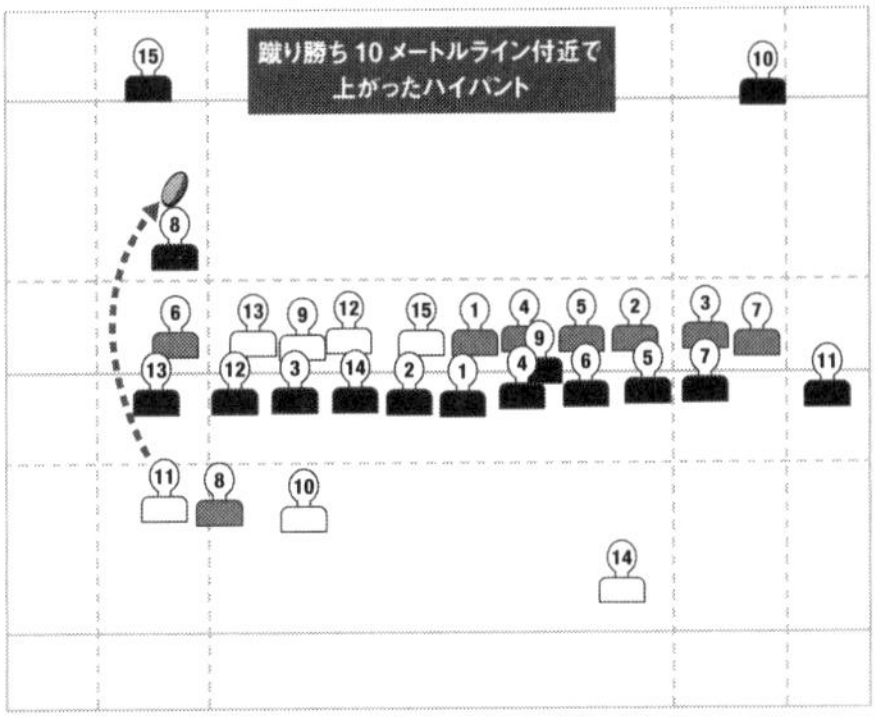

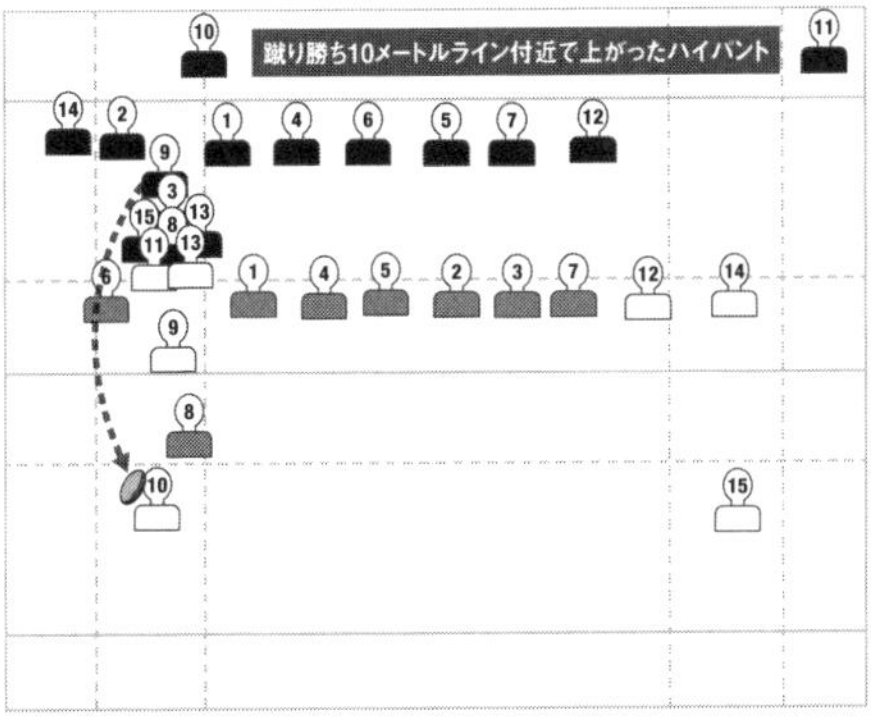

ボールをキャッチした側もキックのスペースがない場合はハイパントで応戦する

もちろん、相対的にポゼッションが上回っているときや、時間や点差によっては、自陣深くからでもカウンターアタックを仕掛けることもありますが、一般的な基準として理解しておくことはラグビーを理解するうえで必要でしょう。

POINT
10メートルライン付近ではハイパントの攻防が展開される

5 カウンターアタックの考え方

ハーフウェイラインを越えられるかどうかが前提条件で、次に考えるのは相手のチェイスの状況です。

ボールをキャッチした地点でチェイスとの距離が20メートル以上離れていれば、反対側の外側にボールを運びます。

このときの原則は「2パス先」です。

カウンターアタックは通常のアタックと比べて少ない人数で仕掛けるので、ロングパスを使うことになります。しかし、前に仕掛けながらパスをすると、そのパスを狙われてしまうので、先にパスを回すわけです。

もし、チェイスとの距離が20メートルもない場合は、パスで外に回す余裕がないので、狙うのはFWの選手のチェイスとのミスマッチのところになります。

つまり、ミッドフィールド付近でスイッチプレーやステップを使いながら相手防御を誘導してスペースをつくり、突破を図るのです。

そのほかには、チームの戦術によってブラインドサイドのエッジに運んで攻撃を組み立てたり、タッチラインから15メートルの位置でブレイクダウンをつくることで、あえてショートサイドにスペースをつくり、相手防御をそちらに誘導して、オープンスペースを攻撃したりします。

こうした原則を決めておくと、選手が迷うことがなくなるので、孤立してターンオーバーされることを防ぐことができます。

カウンターアタックの原則

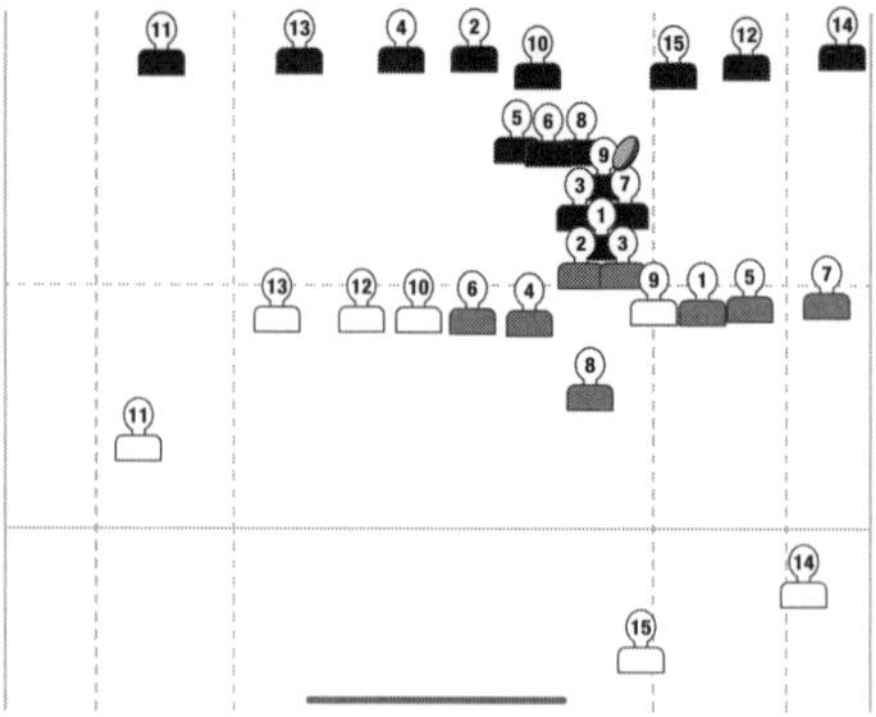

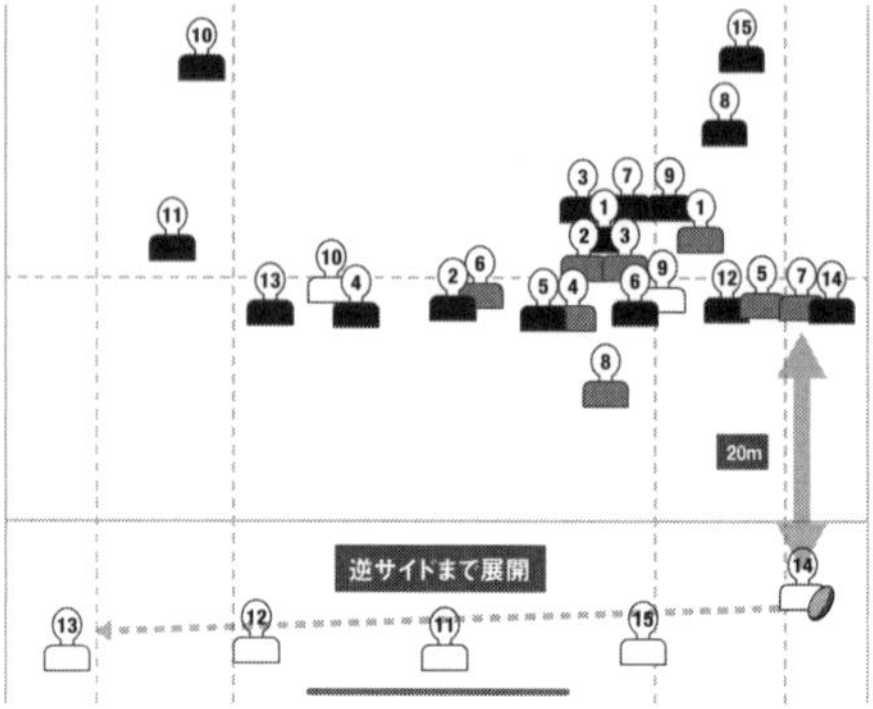

ボールをキャッチした地点でチェイスとの距離が 20 メートル以上離れていれば、反対側の外側にボールを運ぶ

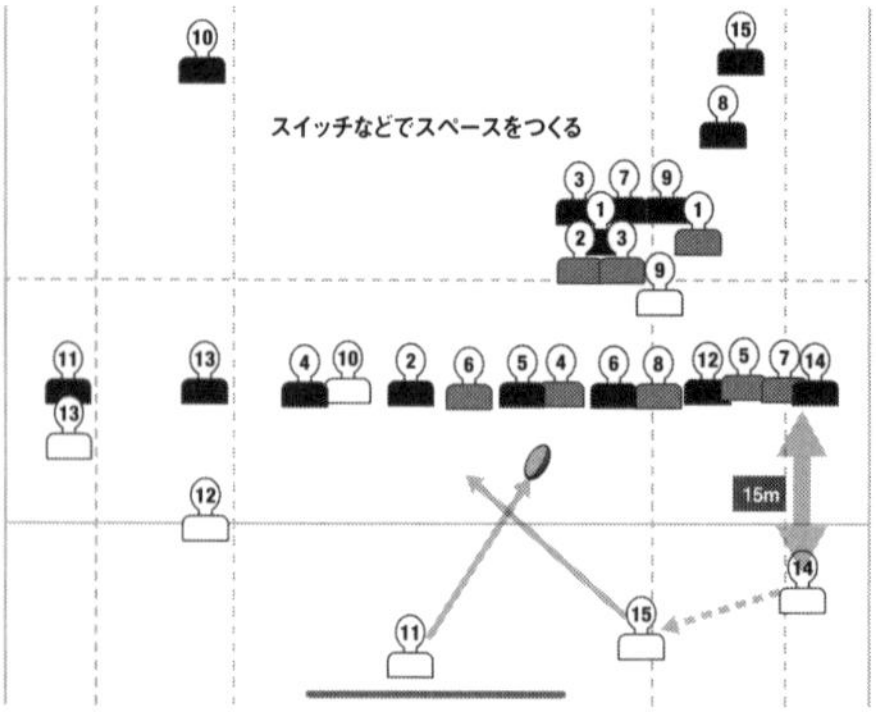

チェイスとの距離が 20 メートルもない場合は、ミッドフィールド付近でスイッチプレーやステップを使いながら相手防御を誘導してスペースをつくり、突破を図る

6 2種類のハイパント

ハイパントには、SHがブレイクダウンの後ろから蹴る「ボックスキック」と、SHがパスアウトしてレシーブした選手が蹴る「オープンパント」の二つがあります。

ボックスキックはブレイクダウンの後ろから蹴るので、ブレイクダウンの位置から20〜25メートル先にボールが落ちて、そこでブレイクダウンが起こる可能性が高くなります。

一方、オープンパントはSHの位置から10メートルほどボールを下げてから蹴るので、ブレイクダウンの位置から10〜15メートル先にボールが落ちて、そこでブレイクダウンが起こる可能性が高くなります。

ボックスキックの場合は、SHが蹴る準備をするので、防御側もハイパントに備えて身長の高いFWの選手を後ろに下げてキャッチの準備をすることができます。しかし、オープン

2種類のハイパント

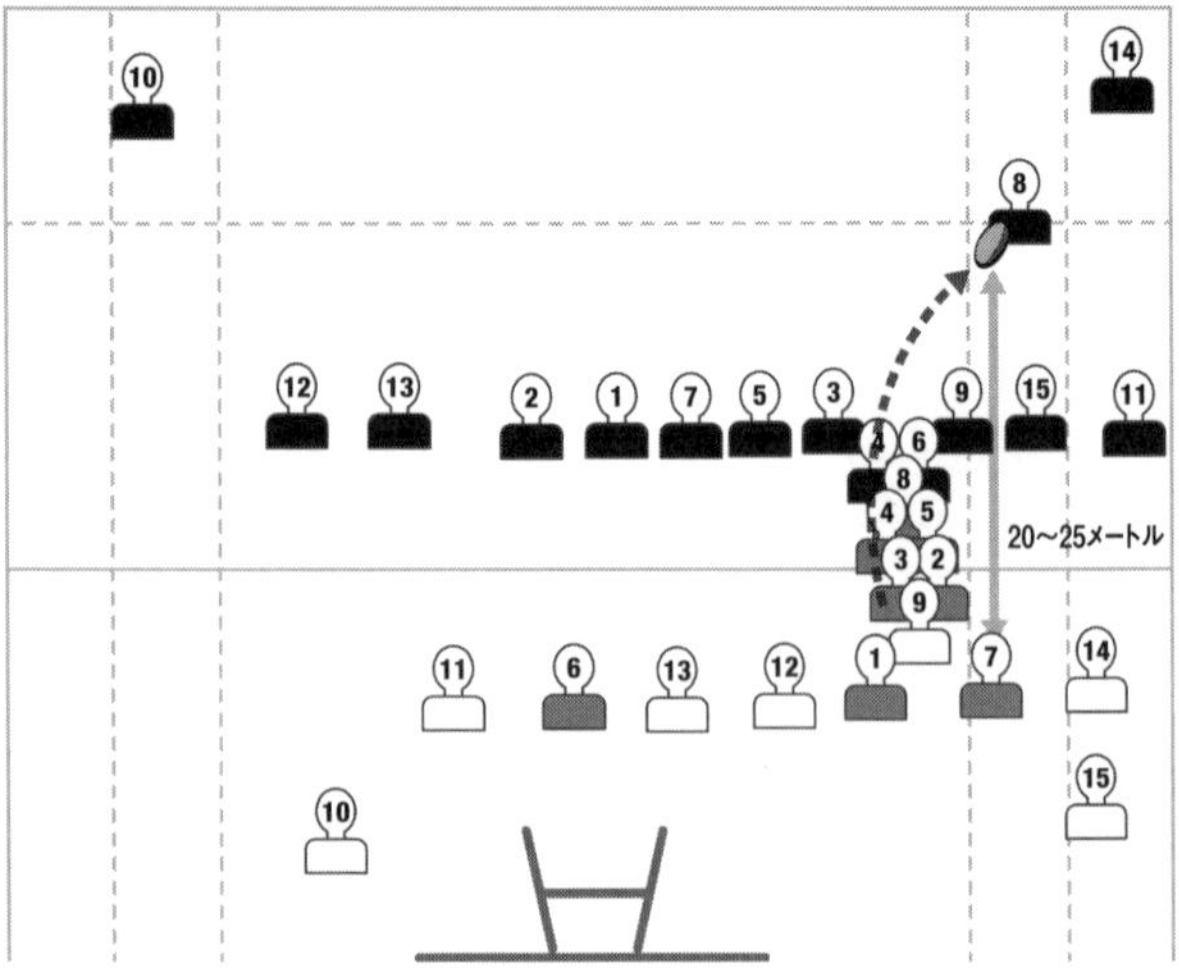

エリアの獲得を狙う場合は、SH がブレイクダウンの後ろから蹴る「ボックスキック」を使う

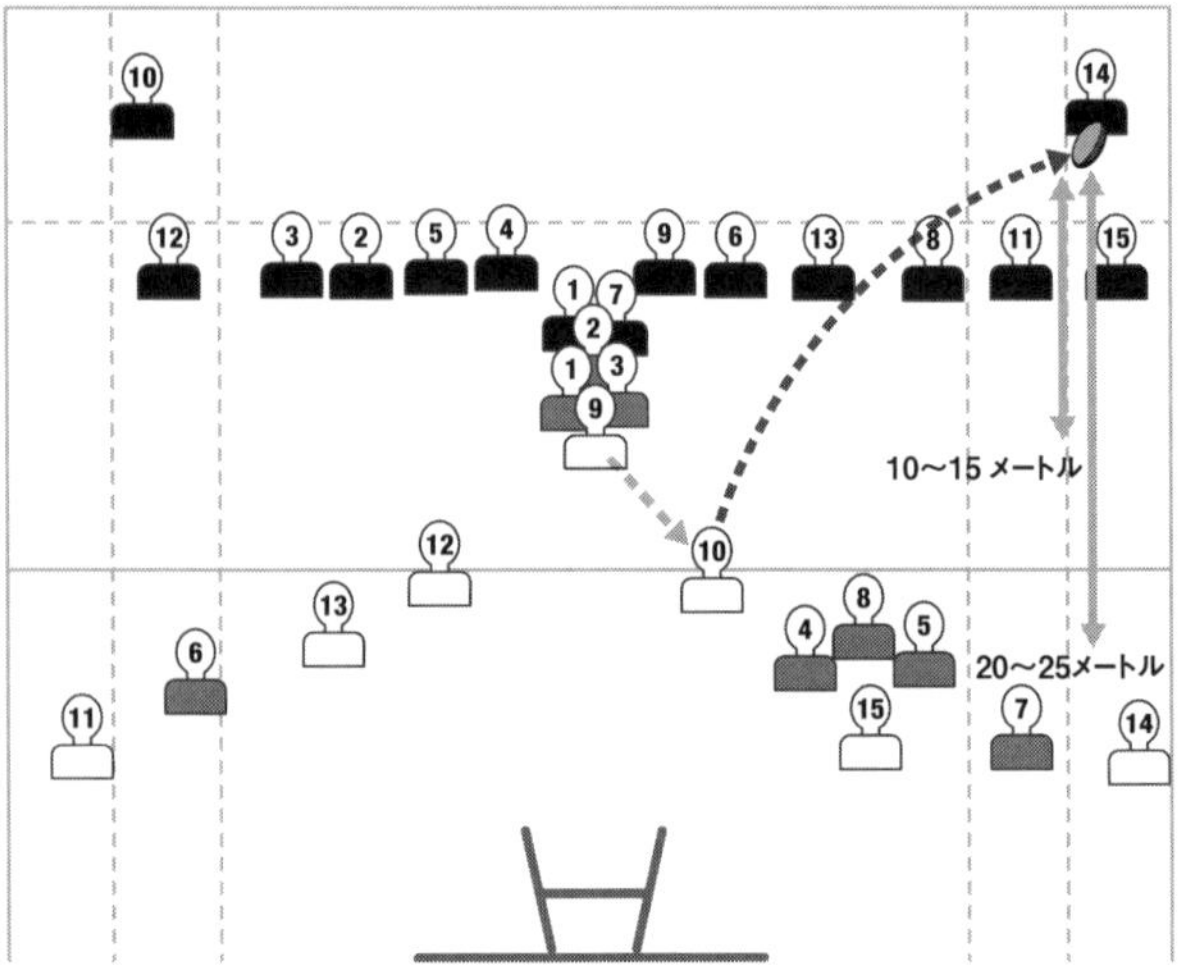

ポゼッションを狙う場合は、SH がパスアウトしてレシーブした選手が蹴る「オープンパント」を使う

パントの場合は、キックを使うかどうかわからないので、防御側も準備をすることができません。

エリアの観点からは、ボックスキックは有効ですが、ポゼッションの観点からは、オープンパントのほうが獲得の可能性が高くなります。

POINT

ボックスキックとオープンパントにはそれぞれメリットとデメリットがある

7 バックラインの駆け引き

現在主流となっている防御システムは、前に激しくプレッシャーをかける「ラッシュアップディフェンス」です。

ラッシュアップディフェンスでは、できるだけフロントラインの人数を多くします。そのため、2人でバックラインを守る「2バック」が主流となります。この2人のバックラインの選手は、タッチラインへのキックを守るためにタッチライン側に配置されています。

構造的なスペースのあるエッジにボールを運ぶことで、バックラインを守る選手がフロントラインに上がらなければいけない状況をつくると、逆目側に配置された選手がそのスペースのカバーに走ります。つまり、ボールと同じように動いてスペースを埋めていきます。そのカバーが遅れると、蹴るためのスペースが生まれるので、キックを使って有効にエリアを獲得することができます。

とくにエッジからエッジへボールを運び、順目側のバックラインの選手が上がった場合、逆目側のバックラインの選手のカバーが非常にむずかしくなるので、空いた後方のスペースをキックで攻撃するのが効果的となります。

エッジでブレイクダウンができた場合、逆目側のバックラインの選手が連携して後ろのスペースが埋められていたとしても、反対側の後ろのスペースを守るためにフロントラインからバックラインに下がっていなければ、そのスペースが空くことになり、キックを蹴るためのスペースが生まれます。

エッジから9シェイプでブレイクダウンをつくった場合、ボールと同じようにバックラインを守っている選手が移動すると、エッジの後方が空くので、そこにキックのスペースが生まれます。

SHは、エッジから9シェイプでブレイクダウンをつくるとき、バックラインの選手が移動するかどうかを見て、キックかパスかの選択をします。

ミッドフィールドにブレイクダウンをつくったときに、順目側のバックラインの選手が上がっているのに、逆目側のバックラインとの連携がとれていないと、順目側の後ろにスペースができます。また、逆目側のバックラインの選手が順目側に移動しているのに、逆目側のバックラインに誰も下がってない場合は、逆目側の後ろにスペースが生まれます。攻撃側は、そうしたスペースにキックを蹴ってエリアを前に進めます。

2バックの場合は、3バックに比べるとバックラインの移動距離が長くなるので、連携をとるのが3バックよりもむずかしくなります。

POINT

バックラインの選手をいかにフロントラインに上げるかに注目

バックラインの駆け引き

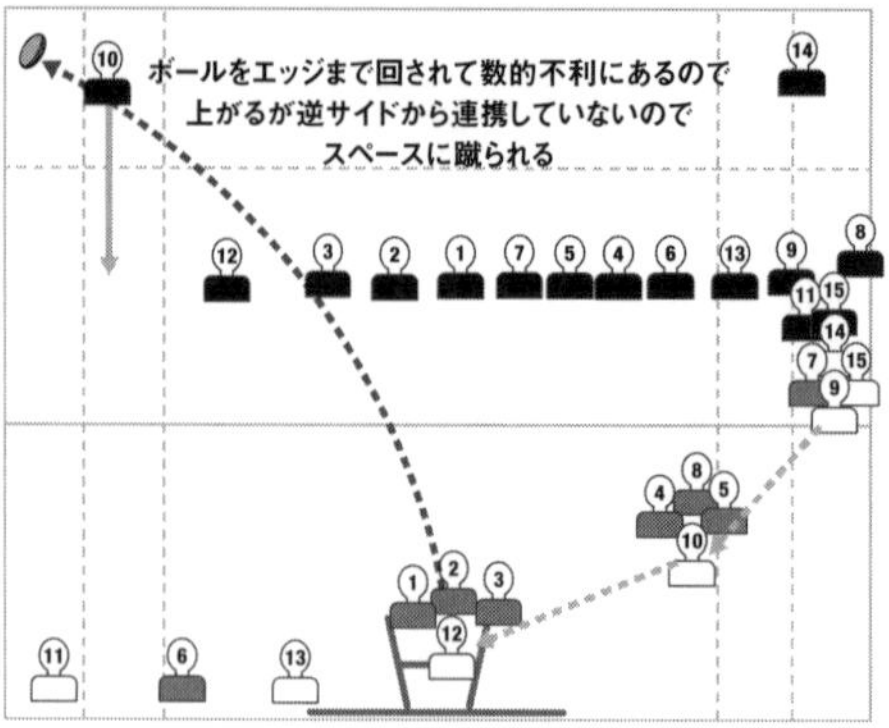

エッジからエッジへボールを運び、順目側のバックラインの選手が上がった場合、逆目側のバックラインの選手のカバーするのはむずかしくなるので、空いた後方のスペースをキックで攻撃する

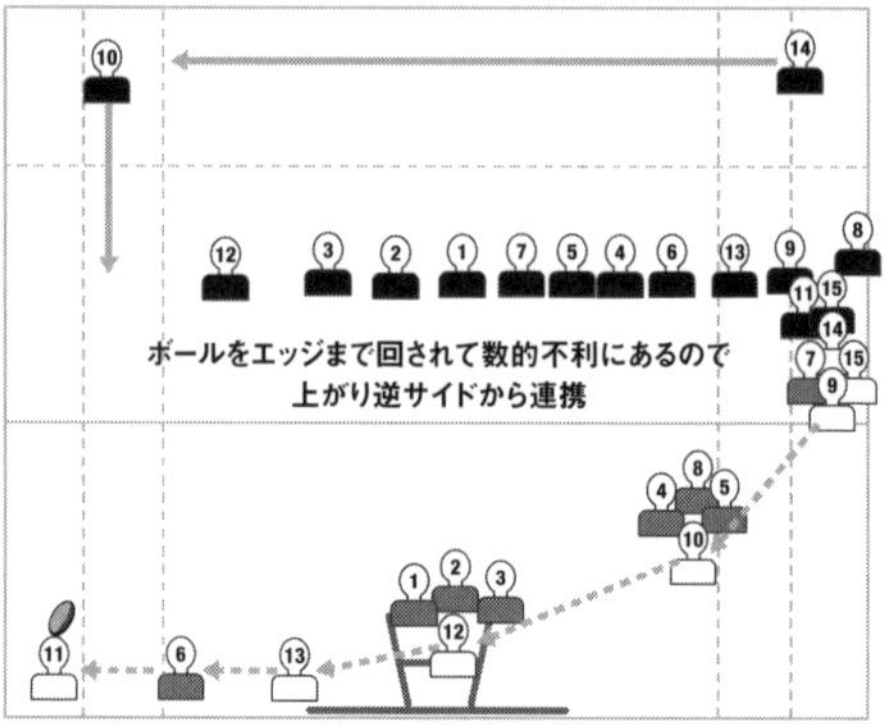

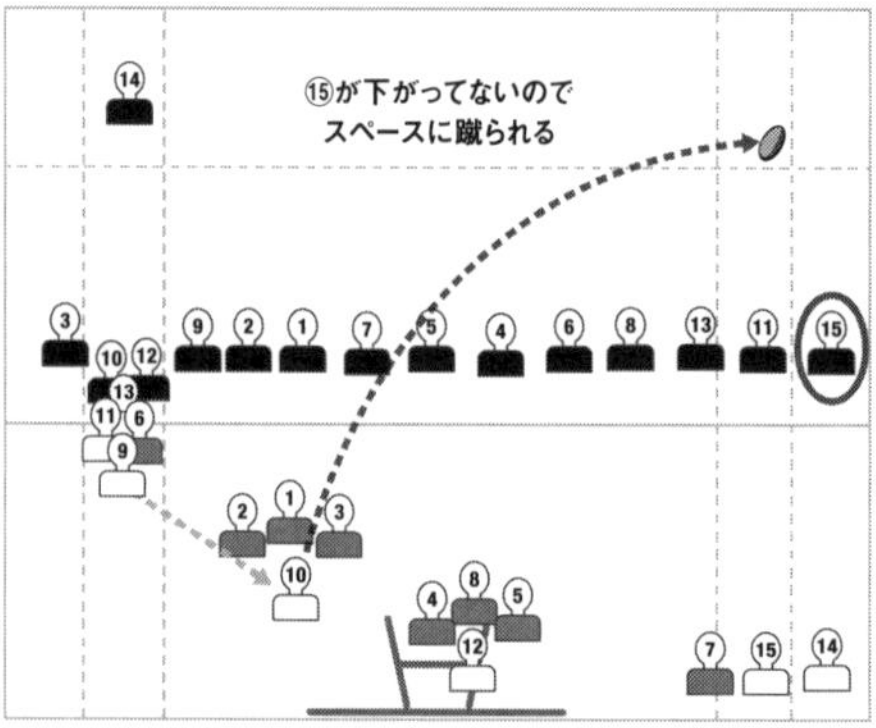

逆目側のバックラインの選手が連携して後ろのスペースが埋められていたとしても、反対側の後ろのスペースを守るためにフロントラインからバックラインに下がっていなければ、そこにキックを蹴るためのスペースが生まれる

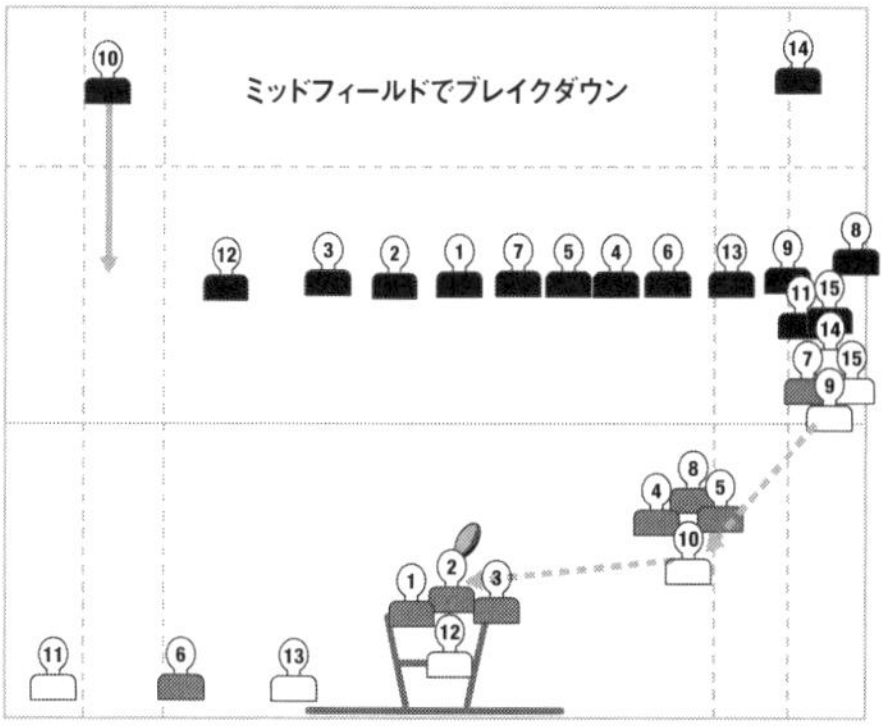

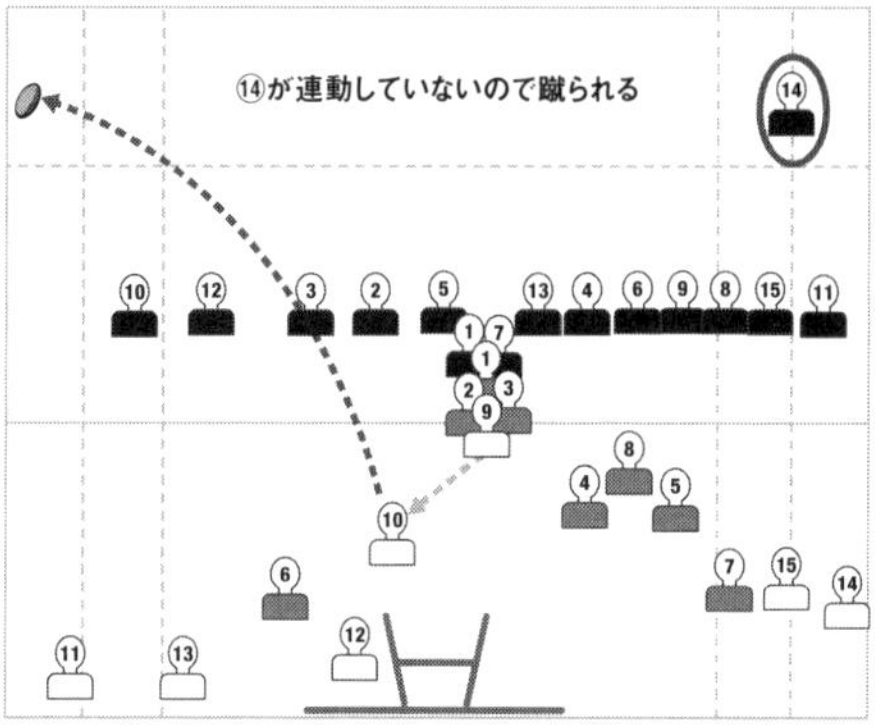

ミッドフィールドにブレイクダウンをつくったときに、順目側のバックラインの選手が上ガっているのに、逆目側のバックラインとの連携がとれていないと、順目側の後ろにスペースができる

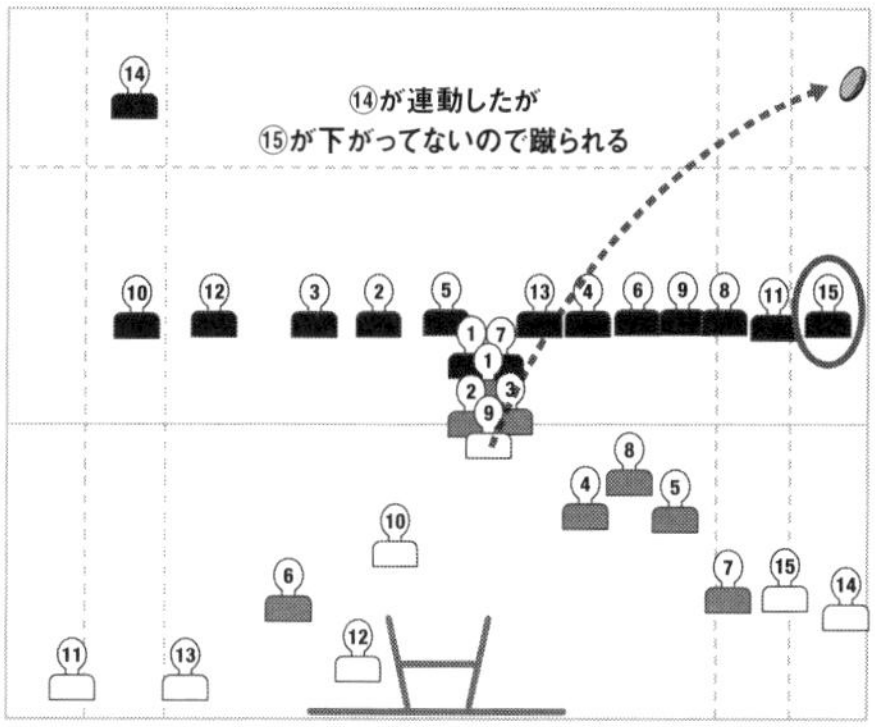

逆目側のバックラインの選手が順目側に移動しているのに、逆目側のバックラインに誰も下がってない場合は、逆目側の後ろにスペースが生まれる

8 ゴール前の攻撃

自陣22メートルライン内ではキックを使って自陣から脱出することを考え、中盤では敵陣深くに侵入してスコアを奪うことを考えます。

どちら場合も、スペースをつくりだすために、ポッドを使ってボールを動かします。

敵陣ゴール前でもポッドを使いますが、それまでのポッドより、9シェイプが多くなります。

これは、自陣ではキックを警戒して大きく後ろに下がっていたバックラインの選手が、ゴールラインが近いと必然的に上がりやすくなり、構造的なスペースが埋められてしまうので、外側を攻撃しにくくなるためです。

そのため、ボールを下げてブレイクダウンを連続させる戦術は、防御のプレッシャーを受けてゲインラインを遠ざけることになります。

ゴール前での攻撃の基本的なコンセプトは、9シェイプで順目に攻撃しながら、防御の順目側へのポジショニングである「フォールディング」を間に合わせないようにして、オーバーラップをつくってBKで展開したり、FWが順目側に防御を誘導して逆目側にスペースをつくり、BKが逆目側に移動して外側のスペースを攻撃したりすることとなっています。

現代ラグビーでは、防御が高度に組織化されているため、その場の判断でスペースを見つけてボールを運んでいくことがむずかしく、設計された攻撃によって防御をくずしていきます。

防御側がプレッシャーをかけてくるので、的を絞らせないように9シェイプを二つ並べてミスパス（飛ばしパス）でゲインを狙ったり、フラットに走り込んでくるFWの選手に対して、バックドアで外側にカットアウトする選手にパスする「ダブルライン」を、FW同士の9シェイプで使ったりします。

また、ゲインしてブレイクダウンにプレッシャーがきてない状況では、ブレイクダウンからすぐにボールを持ち出して（ピック＆ゴー）さらにゲインし、防御網をくずしていきます。

連続的に9シェイプで防御側のポジショニングを遅らせて、9シェイプのバックドアを使ってエッジへボールを運ぶときも、防御側は飛び出してくるので、「2パス15メートル」という基準で、SHから二つ先のパスまでは15メートル後ろにボールを下げて攻撃します。
また、9シェイプの後ろにBKのポッドを重ねるのではなく、9シェイプの外側にBKのポッドを置き、SHから9シェイプを飛ばすミスパスによって内側の防御を置き去りにするオプションもふえてきました。

順目側に9シェイプを連続させて相手防御を誘導し、一気に逆目側の外側に展開するオプションもあります。この場合は、単純にBKの選手が移動するだけでなく、ブレイクダウンをつくっていた9シェイプの選手たちを逆目側の9シェイプに配置して、9シェイプのスイベルパス（フロントドアからバックドアへの垂直方向へのパス）だけでなく、BK同士でも階層的なポッドをつくって防御側に的を絞らせないようなアタックを仕掛けます。

また、ポッドを狭くつくることで防御を内側に集め、外側の空いているスペースへキックパスを使ってトライを奪うことができます。

ゴール前での攻撃の原則

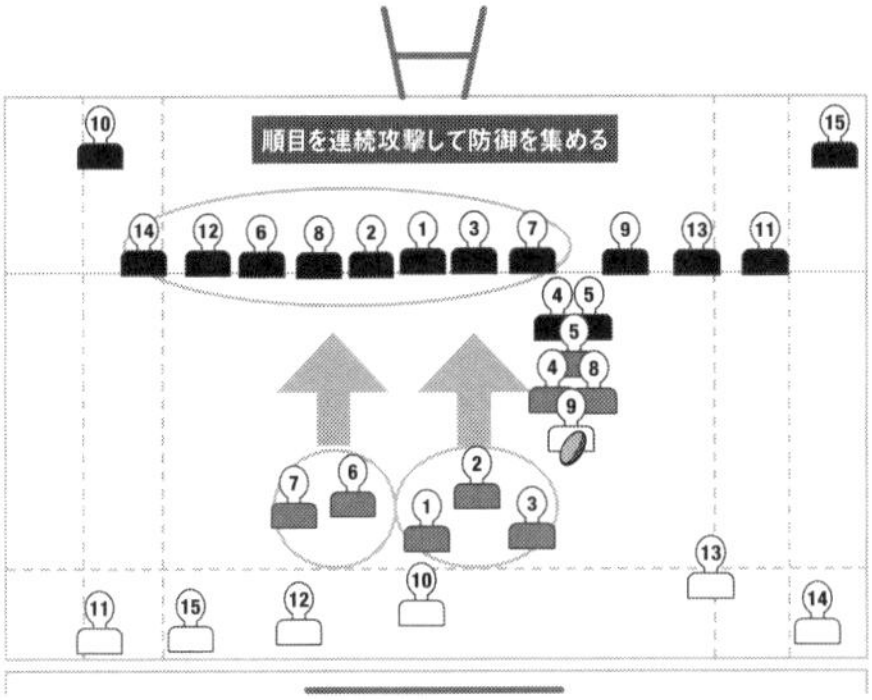

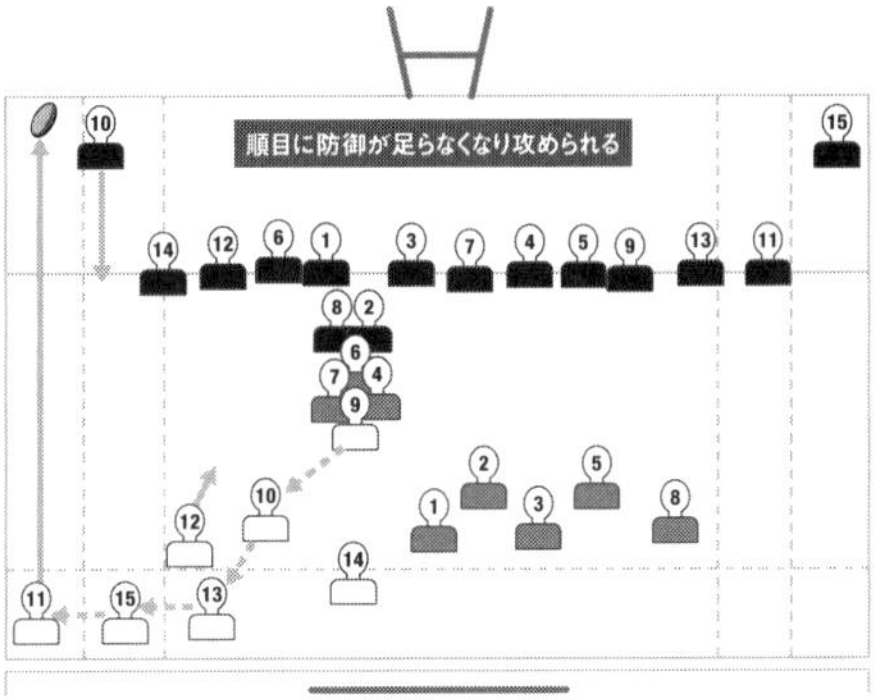

9シェイプで順目に攻撃しながら、防御側のフォールディングを間に合わせないようにして、オーバーラップをつくってBKで展開する

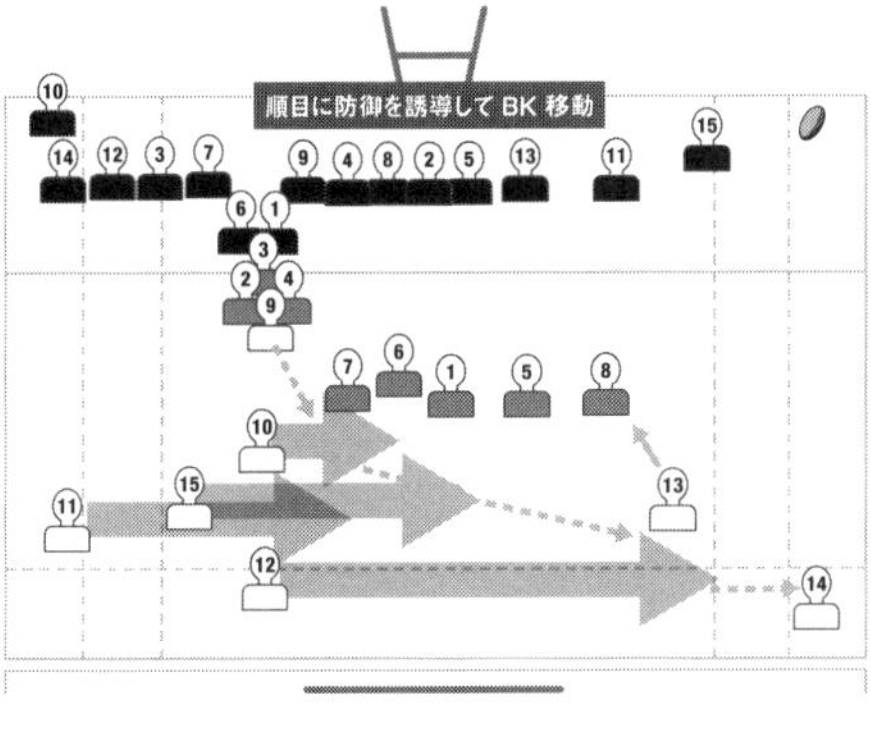

順目側に防御を誘導して逆目側にスペースをつくり、逆目側に移動して外側のスペースを攻撃する

POINT

ゴール前では防御に的を絞らせないことがカギ

第4章

2019年W杯日本大会での戦術

本章では、2019年ラグビーW杯日本大会で見られた高度な戦術的な駆け引きと、2022年に向けて定石《じょうせき》となった戦術について紹介していきます。

世界のラグビーの戦術的な進化において、とくに日本代表の果たした役割がどれほど大きかったのかという視点でも読んでいただけると思います。

1 イングランド対ニュージーランド戦

本大会の戦術的ないちばんの名勝負といえば、準決勝のこの試合ではないでしょうか。

構造的に生まれる外側のスペースにボールを運ぶニュージーランドに対して、激しく前に出る防御によってパスをする時間を奪う「ラッシュアップディフェンス」のイングランドという構図は、現地で観戦していた私をワクワクさせてくれました。

ニュージーランドは、予選プールでイングランドと同様にラッシュアップディフェンスを使う南アフリカに対して、パスをする時間を短縮でき、合法的に前方へボールを運べる「キックパス」で攻略し、みごとに勝利を収めています。

イングランドの名将、エディー・ジョーンズHC（現オーストラリア代表HC）が、この問題をどのように解決するのかが見ものでした。

いざ試合が始まると、生まれるはずの外側のスペースが一向に見当たらず、ニュージーランドはイングランドの防御をまったくくずせません。

注意深く見てみると、イングランドは通常2～3人を配置するバックラインのスペースに対して、あえてキックされるリスクを冒して、1人だけを配置する「1バック」にしていたのです。

これにより、通常、生まれるべき外側のスペースに防御側の選手を配置できるため、イングランドは自信を持ってプレッシャーをかけて、ニュージーランドのアタックを完全に封じ込めました。

ニュージーランドが自陣22メートルラインの外側からキックを使ったのは一度だけで、大きくエリアをとって敵陣深くに侵入することができました。つまり、ニュージーランドはキックを使ったほうが効果的であったにもかかわらず、この試合で一度しかキックを蹴らなかったのです。

なぜイングランドは、キックを蹴られるリスクを冒してまで1バックを選択したのでしょうか。のちに、エディー・ジョーンズHCから直接話を聞いたところ、「その年のニュージーランドは試合の入りがよくなかった。WTBに回してくることとキックの回数がへっていたので、思い切ってギャンブルをした」と語っていました。

また、ニュージーランドは、防御ではブレイクダウンでプレッシャーをかけずに素早くポジショニングして、防御でオーバーラップに立とうとしていました。しかし、それに対してイングランドは縦に速い攻撃を連続させ、ニュージーランドの防御側の選手がポジショニングする前にボールを動かして開始早々トライを奪いました。

その点に関しても同HCは「ニュージーランドはゆっくりしたラインスピードで防御し、相手をサイドラインに押し出そうとします。われわれは防御側の選手の間のスペースを攻めたいので、基本的にはインサイドショルダー（密集に対しての近いほうの肩）を狙っていました」と話してくれました。

通常のバックラインの配置とイングランドが採用した1バック

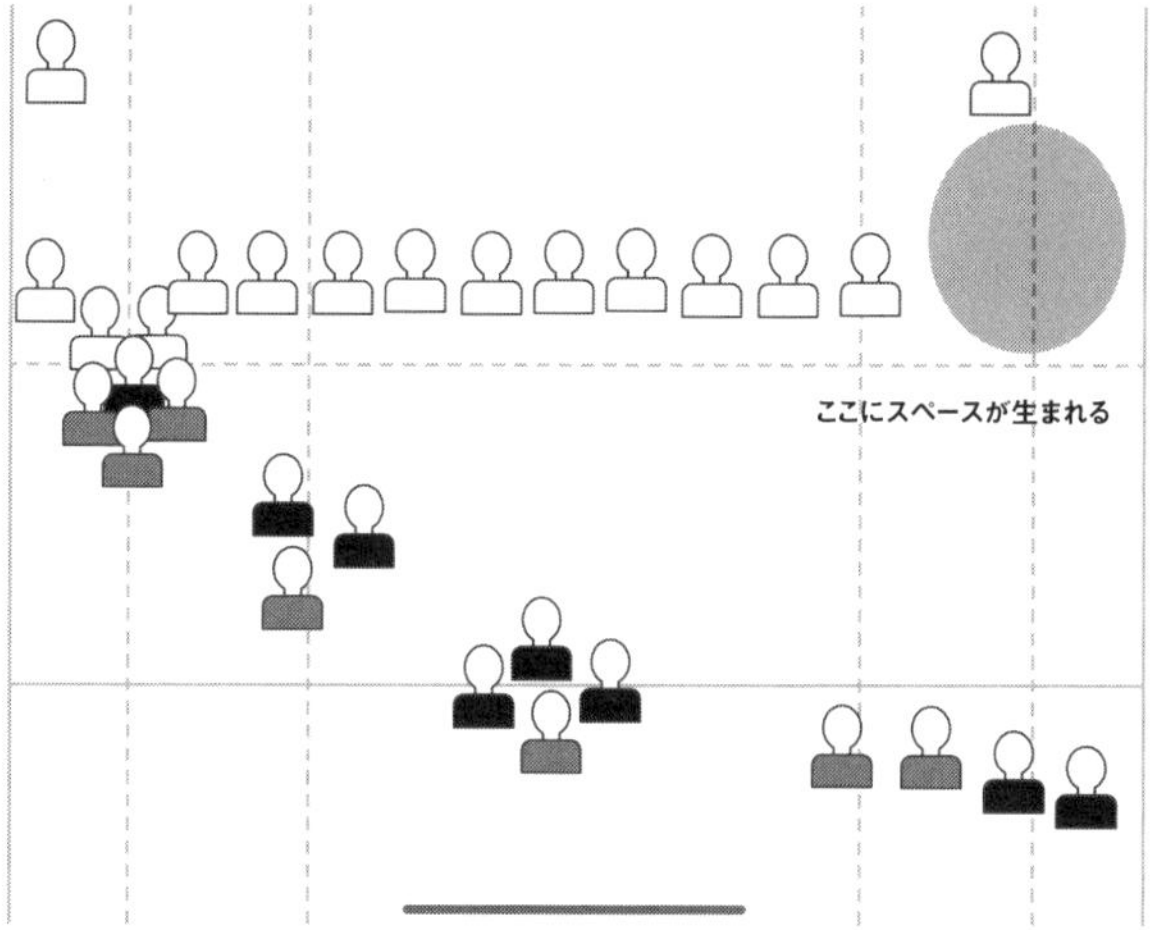
ここにスペースが生まれる

通常のバックラインでは２〜３人を後ろに下げる

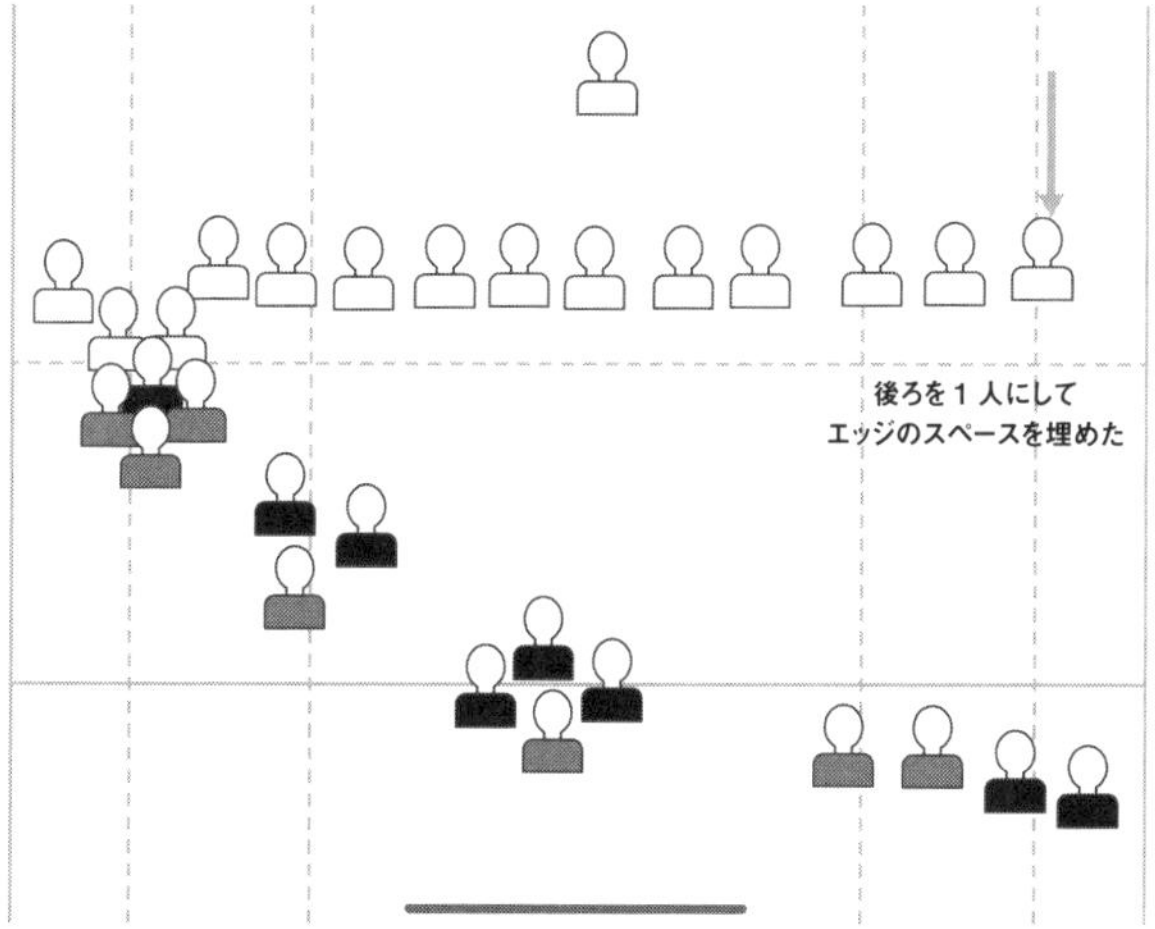
後ろを１人にして
エッジのスペースを埋めた

イングランドが採用したＩバック。あえてキックされるリスクを冒して、１人だけを配置することにより、通常、生まれるべき外側のスペースにディフェンダーを配置して、ニュージーランドのアタックを完全に封じ込めた

オーバーラップを狙うニュージーランドに対し速攻で対応するイングランド

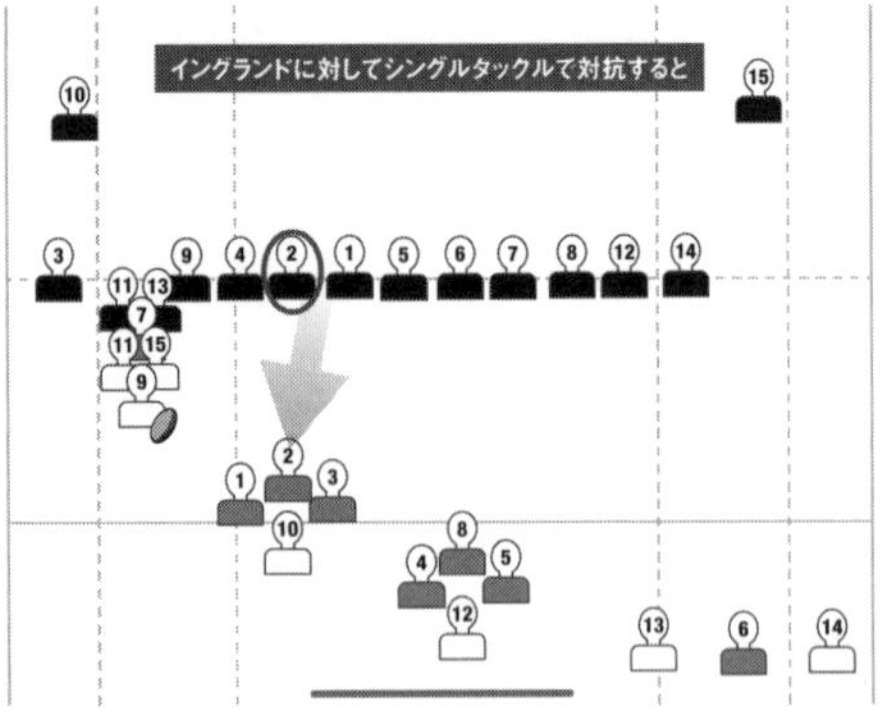

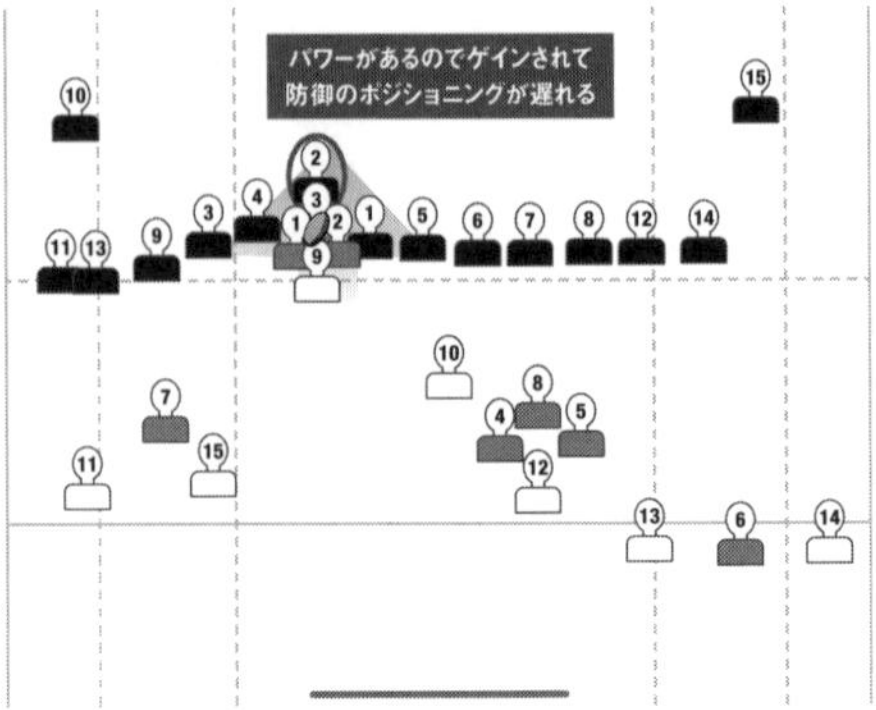

ニュージーランドはブレイクダウンでプレッシャーをかけずに素早くポジショニングすることでオーバーラップを狙った

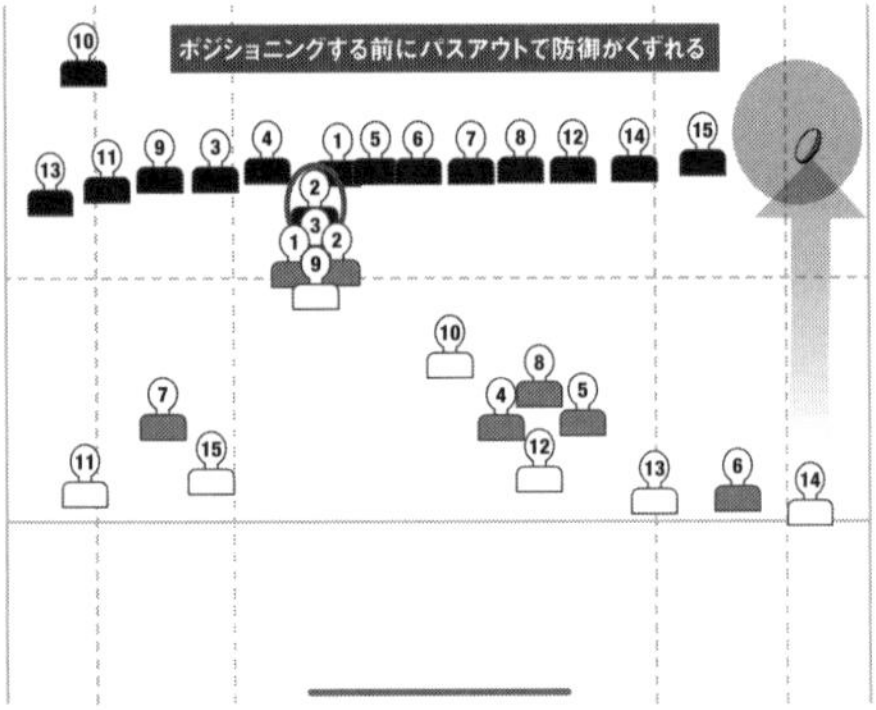

これに対してイングランドは縦に速い攻撃を連続させ、ニュージーランドのディフェンダーがポジショニングする前にボールを動かしてトライを奪った

なぜニュージーランドがそういう防御をしているのかについて、同ＨＣは「ニュージーランドのＢＫはスピードがあるので、外へスライドしたいと考えています。南アフリカやイングランドに比べてフィジカルでは劣勢ですが、スピードでは優っています。そのためラインの内側に人を立たせて外への攻撃を促し、フィジカルなコンテストはしたがりません」と話してくれました。

結果は、19対7でイングランドの完勝でした。

相手を分析しきって、ときに「ギャンブル」を仕掛けて勝ちきったエディー・ジョーンズＨＣ率いるイングランドとニュージーランドの試合は、最も戦術的な一戦だったと言っても過言ではないでしょう。

2

日本対南アフリカ戦

日本は予選プールを全勝で1位通過。決勝ラウンドの1回戦（準々決勝）の相手は、予選プールでニュージーランドに敗れた南アフリカとなりました。最強のフィジカルを有する相手との対戦となった日本ですが、開始早々に見せてくれました。

南アフリカのキックオフをキャッチして自陣深くからボールを動かします。予想どおりに、極度に前に出るラッシュアップディフェンスで前に詰めてきたところを、SOの田《た》村《むら》優《ゆう》選手が、構造的に空いている外側のスペースへとキックパス。惜しくもボールはつながりませんでしたが、これで日本は試合序盤の主導権を握りました。

日本にキックパスのあることがわかった南アフリカは、防御で前に出られなくなってしまいます。そこで日本は、ロングパスでボールを大きく動かして、防御をくずして敵陣に攻め入ります。

©Getty images

南アフリカはスクラムとモールでプレッシャーをかけてゲームを支配した

南アフリカは、敵陣ではロングキックを警戒してバックラインの選手が大きく下がっているので、キックパスに対応できませんが、自陣ではそこまで下がる必要がないためキックパスに対応できます。

敵陣ではキックパスが怖くて、あまりプレッシャーをかけずにスライドしていた防御も、自陣ではキックパスのおそれがないため、ラッシュアップディフェンスで前に出てきます。

これに対して日本は、その前に出てくる防御を逆手にとって、アタックラインを「狭く深く」することで、相手防御の届かない位置でボールを回して防御をくずし始めたのです。

日本は、エッジ（外側のポッド）と9シェイプを交互に攻撃する「ピストンアタック」を使うことで、ポッドの配置を狭く深くする時間を稼ぎました。

南アフリカ得意のハイパント攻撃に対しても、「エスコート」と呼ばれるレシーバーを守るためのスキルを使い、フィールドの攻防では五分以上に渡り合っていました。

後半に入ると、南アフリカは、スクラムとモールでプレッシャーをかけて、戦略的にゲームを支配していきました。

また、戦術的に日本にはなくてはならない田村選手に激しくプレッシャーをかけて退場に追い込み、南アフリカは完全にゲームをコントロールし、26対3と圧勝しました。

3 日本対アイルランド戦

日本は予選プールの3試合目で、当時、世界ランキング1位のアイルランドと対戦しました。

防御からボールを奪い返す「カウンターラグビー」が信条のアイルランドに対して、日本はこれまで見せてきたキックを軸にしたラグビーではなく、自陣からでもボールをパスで動かす「ポゼッションラグビー」で相手のやりたいことを封じます。

この大会での日本代表の大きな特徴の一つが、こうした「攻撃の多様性」にあります。「キック主体」や「ポゼッション主体」など、何か一つの戦術にこだわることなく、相手に合わせて戦い方を変化させられるのは、日本の大きな武器となっていました。

アイルランドの攻撃は、フィジカルが強いＦＷが前進し、相手防御を集めて外側にスペースをつくりだすシンプルな攻撃なので、それほど驚異はありませんでした。

日本はアイルランドの9シェイプに対して、しっかりプレッシャーかけて攻撃を抑えて、ボールを外に展開してきても、ラッシュアップディフェンスで対応し、インターセプトからトライも奪いました。

アイルランドはＳＯのジョナサン・セクストン選手の欠場も大きく、攻撃に精彩を欠いていました。

日本のポッドの基本型は、エッジのポッドにFWが1人、ミッドフィールドにFWが3人と2人のポッドが一つずつ、そして反対側のエッジにFWが2人いる「1322」です。エッジのいちばん外側にFW第3列の選手を配置して、防御とのミスマッチを狙います。

アイルランドのタックルは、相手の下半身に入る通常の「チョップタックル」ではなく、上半身を抱え込むようにして相手のボールに絡む「チョークタックル」です。ボールキャリアー（ボールを持った選手）に対して2人の選手がタックルに入る「ダブルタックル」から、そのままターンオーバーを狙います。

これに対して、日本の9シェイプは、ダブルタックルされないようにカットアウトを使って、速いリサイクルで防御のポジショニングの遅れを狙います。

そのうえで、9シェイプとエッジのピストンアタックをしている間に、反対側のポッドの配置を変える「可変式ポッドアタック」によって、アイルランドの防御を惑わしていきました。

「1322」から「1322」への配置換え

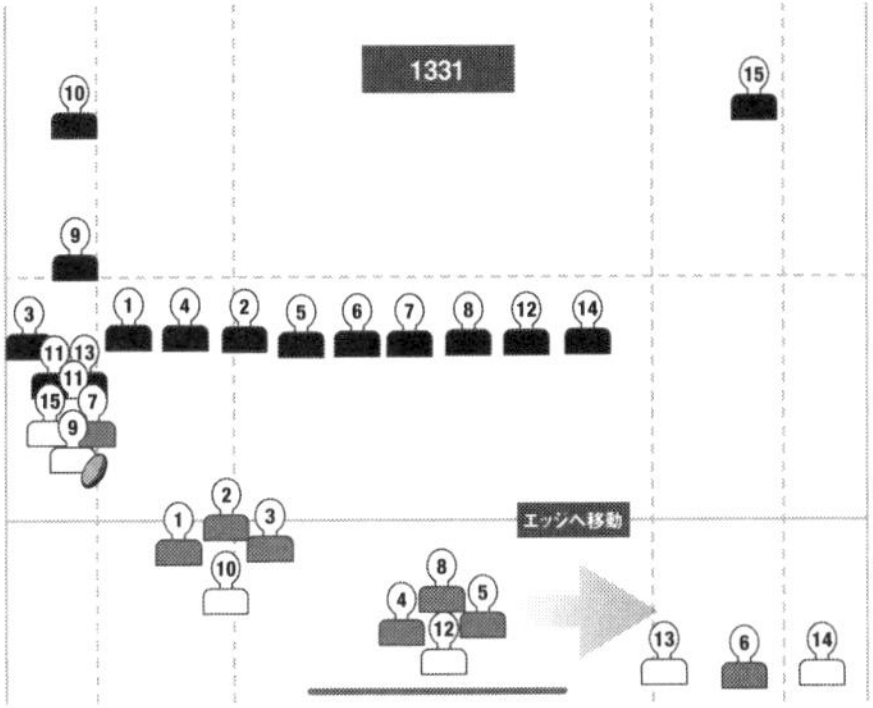

10シェイプのFWの3人から1人をエッジに移動させる

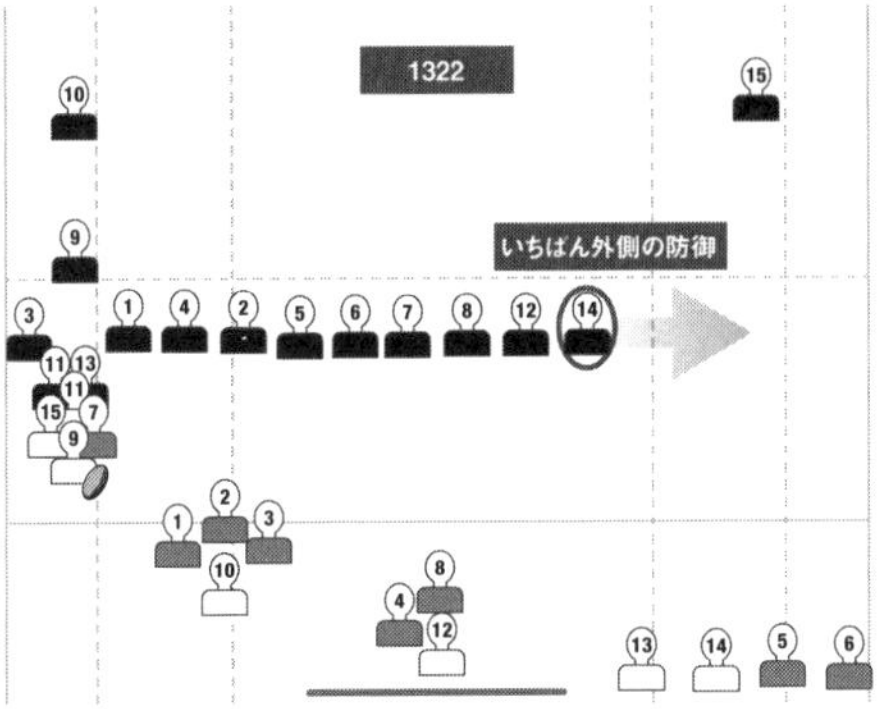

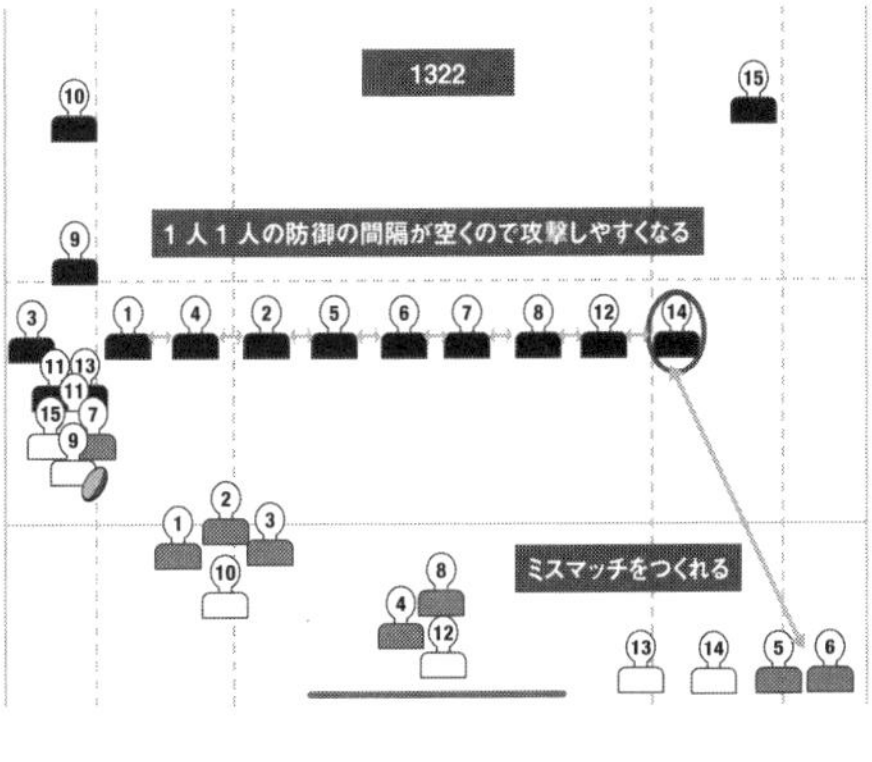

「1322」の配置換えから外へ展開してオーバーラップとミスマッチを狙う

ジャパンの可変式ポッドアタック

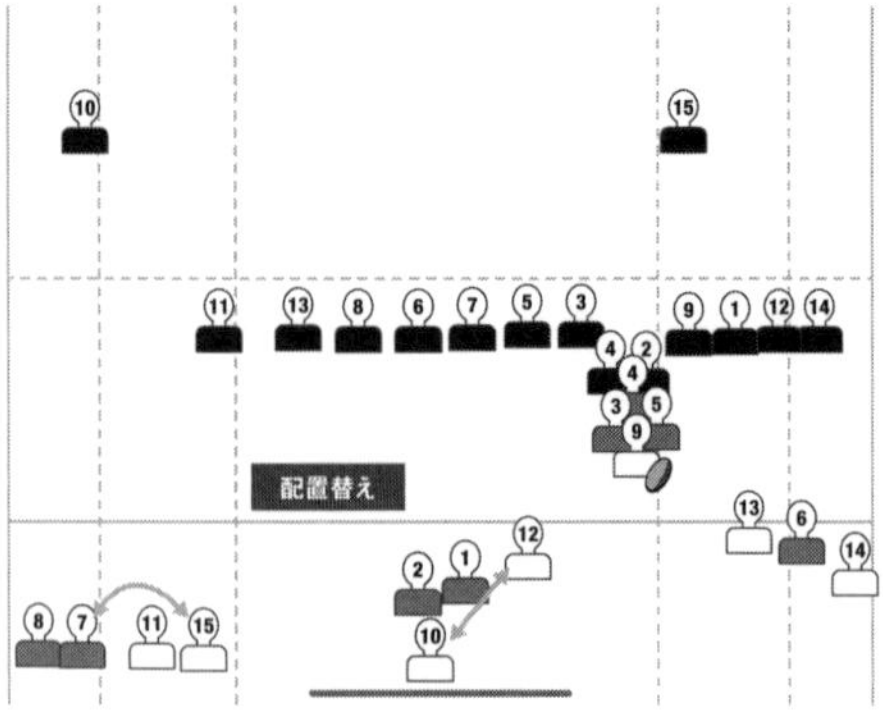

⑩と⑫、エッジの FW と BK の配置換え

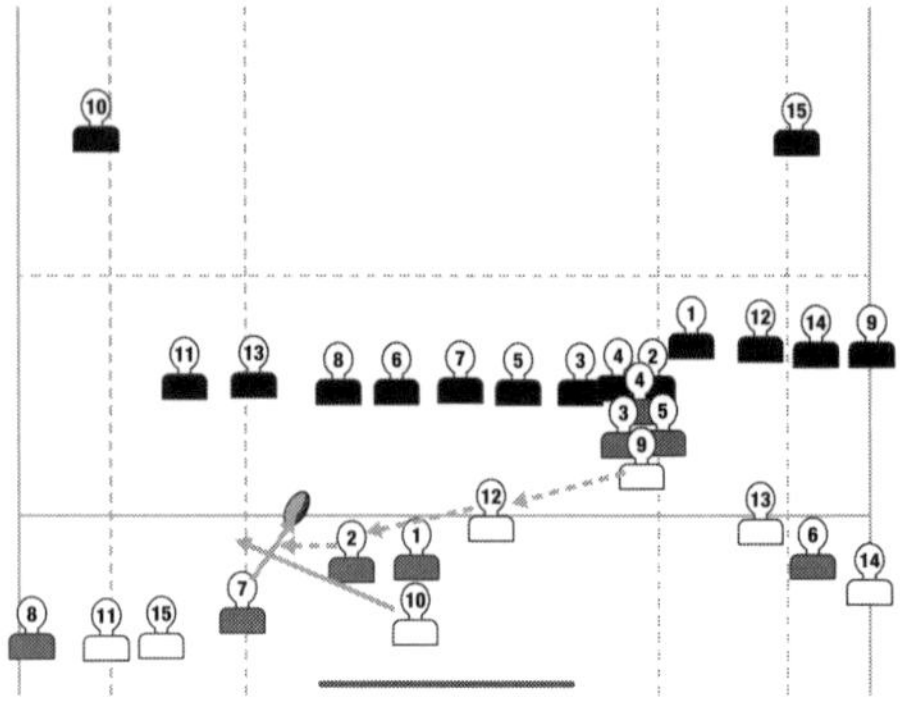

⑦の裏に⑩が走り込むが⑦がパスを受ける

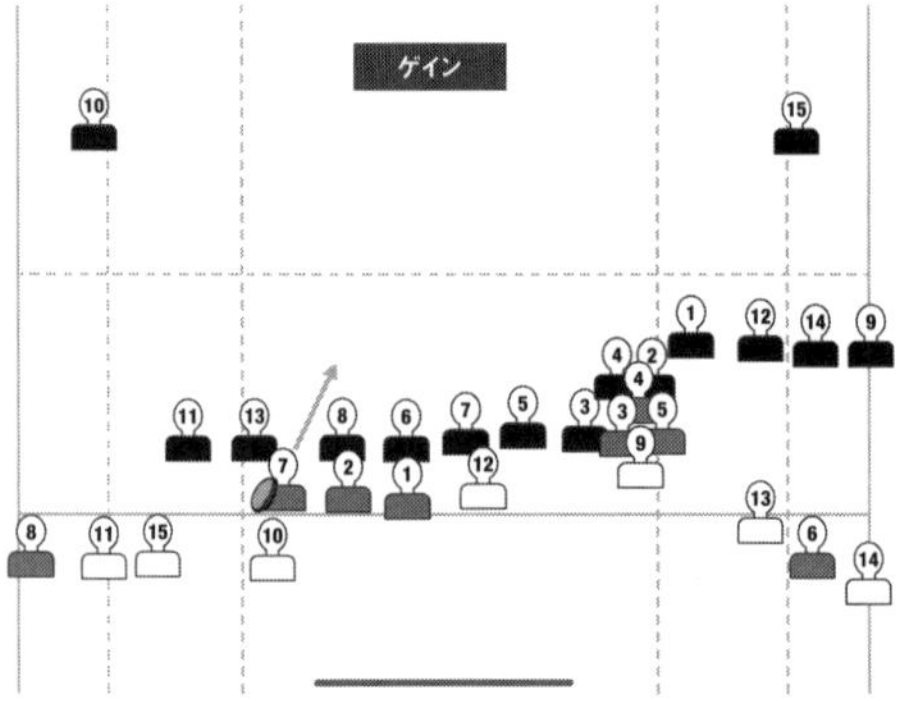

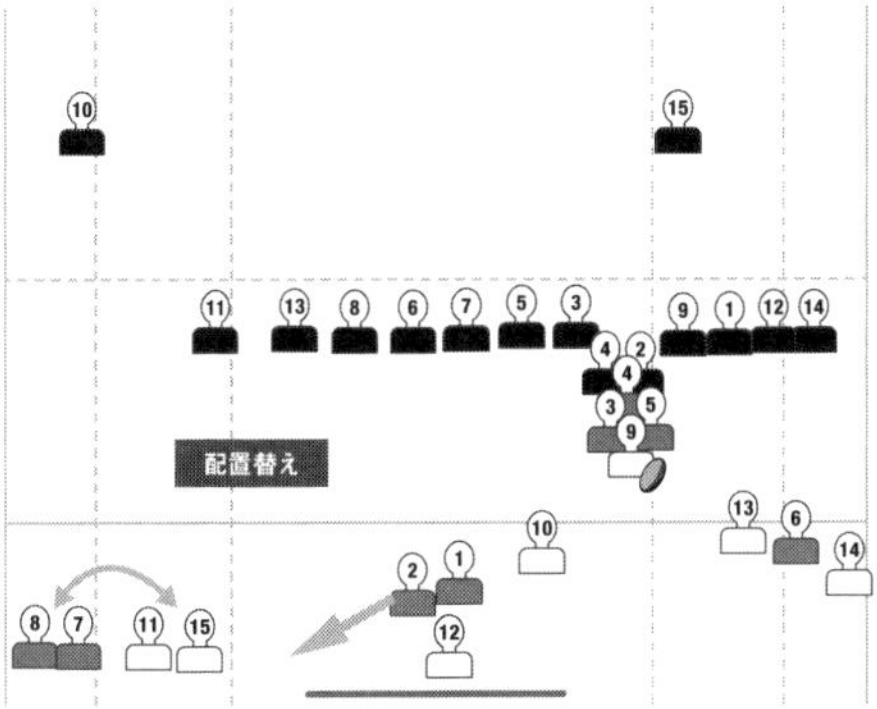

「1322」を「1313」に
配置換え

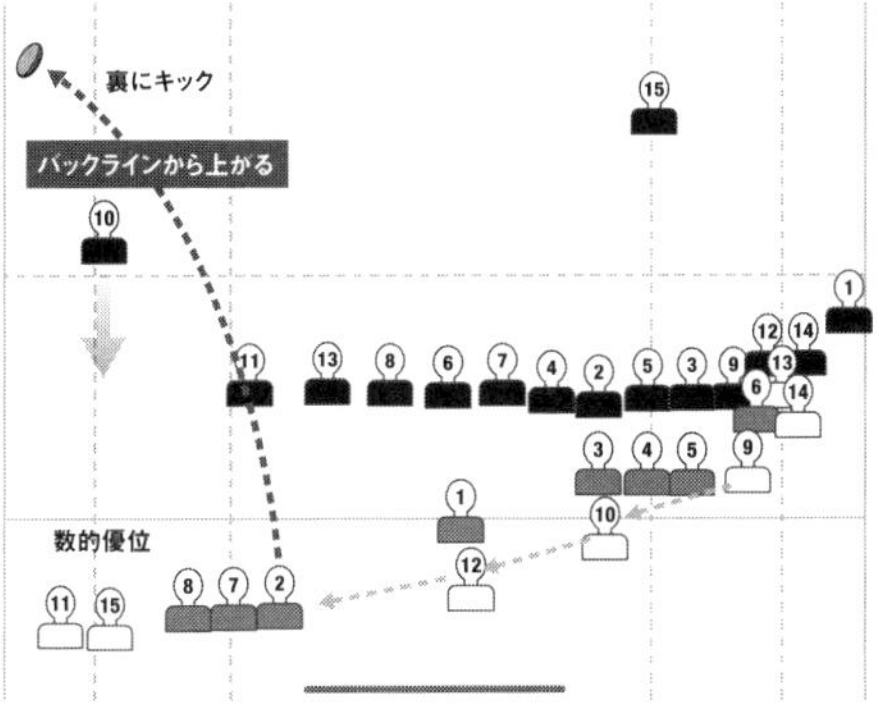

最後は②がグラバーキック

そして、前半最後のプレーで日本の可変式ポッドアタックが炸裂します。

「1322」で外側に配置されていた2人のFW第3列の選手が、逆サイドで9シェイプとエッジのピストンアタックをしている間に、エッジの内側に配置を変えて、10シェイプのFWからバックドアのBKを介さずにパスをもらってゲイン。

さらに、SOの田村選手とCTBの中村亮土《なかむらりょうど》選手も位置を変えて攻撃に参加します。

最終的には、9シェイプとエッジでのピストンアタックにより、10シェイプの2人のポッドを1人にしてエッジを3人にする「1313」というポッドによって外側にオーバーラップをつくりだします。

惜しくもキックがタッチに出てしまいましたが、完全にアイルランドの防御をくずしました。

そして、攻防ともにアイルランドをコントロールし、19対12で歴史的勝利を収めたのです。

この試合において、日本代表は、それまで常識であった10シェイプでのフロントドア（ダブルラインでセットした攻撃の前のライン）に複数人を配置して攻撃するポッド戦術から、10シェイプを1人にして外側に優位性をつくる戦術を確立しました。この戦術は、2019年以降、スタンダードとなりました。

4 日本対サモア戦

開幕戦のプレッシャーからか、ロシアに手を焼きながらも勝利した日本は、予選プール2試合めにサモアと対戦しました。

攻防ともにあまり組織的でないサモアですが、驚異的なパワーとスピードによって、一気にトライを奪う力があります。そのため、日本はより組織的に戦う必要性があります。

この試合、日本がセットプレーやモールで優位に立ったうえに、アイルランド戦と同様に、大きなFWの選手に対してダブルタックルからブレイクダウンにしっかりとプレッシャーをかけて、相手の好きなように攻撃させません。

サモアは、9シェイプを連続させて、ゲインもできていないのにBKに展開するので、日本の防御をくずせないばかりか、プレッシャーを受けてボールを奪われてしまいます。

また、日本は、攻撃においてもサモアを完全に封じ込めました。スピードとパワーはあるものの、スタミナがなくオーガナイズ（組織化）されていないサモアに対して、防御のポジショニングの隙をついた攻撃を行います。

9シェイプでブレイクダウンを素早くリサイクルして、SOの田村選手がタッチラインから内側に切れ込む「カットイン」。対面の選手とその内側の選手が田村選手に詰めたところに、CTBの松田力也《まつだりきや》選手が内側に走り込んで、田村選手からパスを受けてトライ。松田選手をノミネート（自分が止めるべき相手を明確にすること）すべき選手が、カットインしてきた田村選手に反射的にタックルにいきましたが、組織化されていないことが明確になったシーンでした。

この試合、特筆すべきはキックの攻防です。

サモア戦におけるジャパンのトライシーン

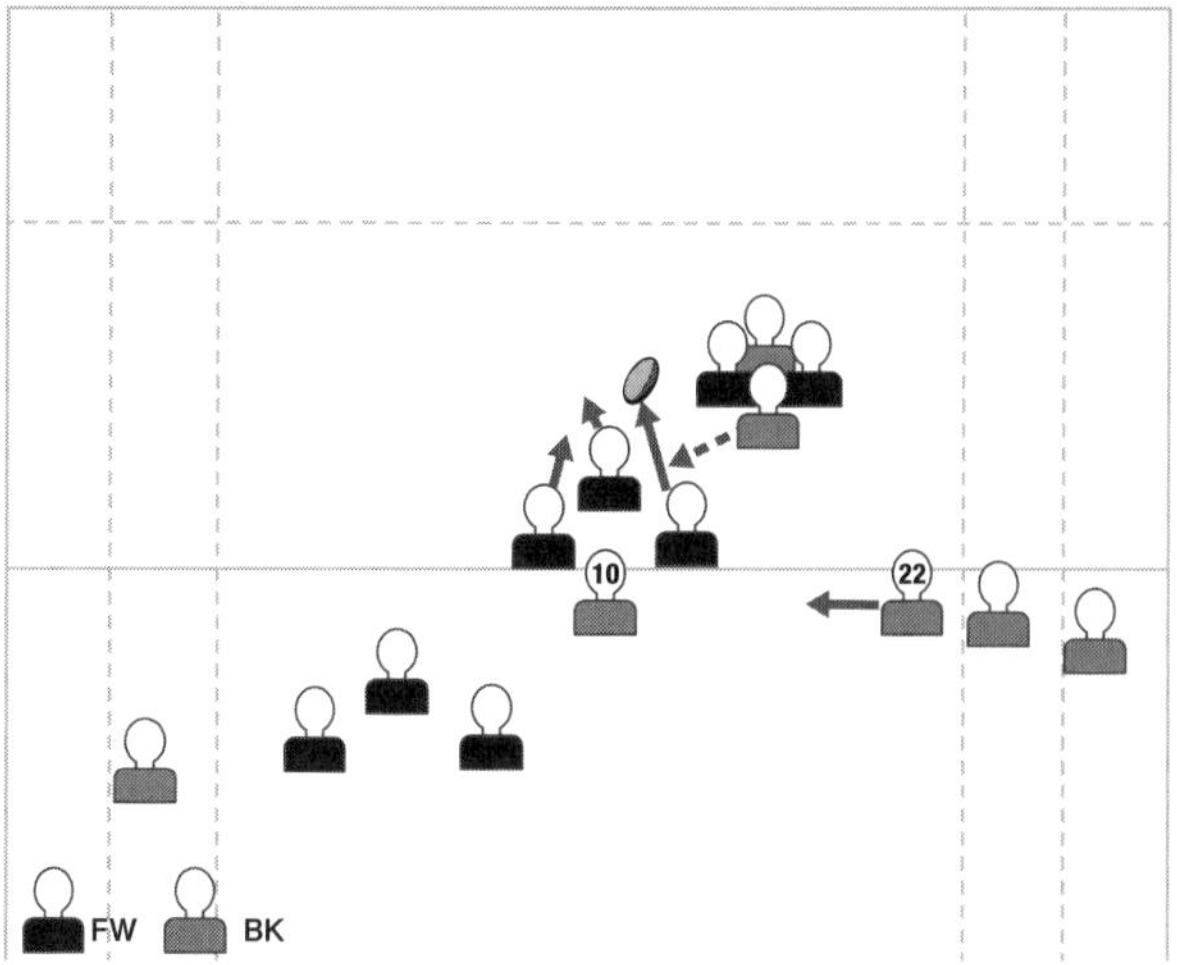

9シェイフでブレイクダウンを素早くリサイクル

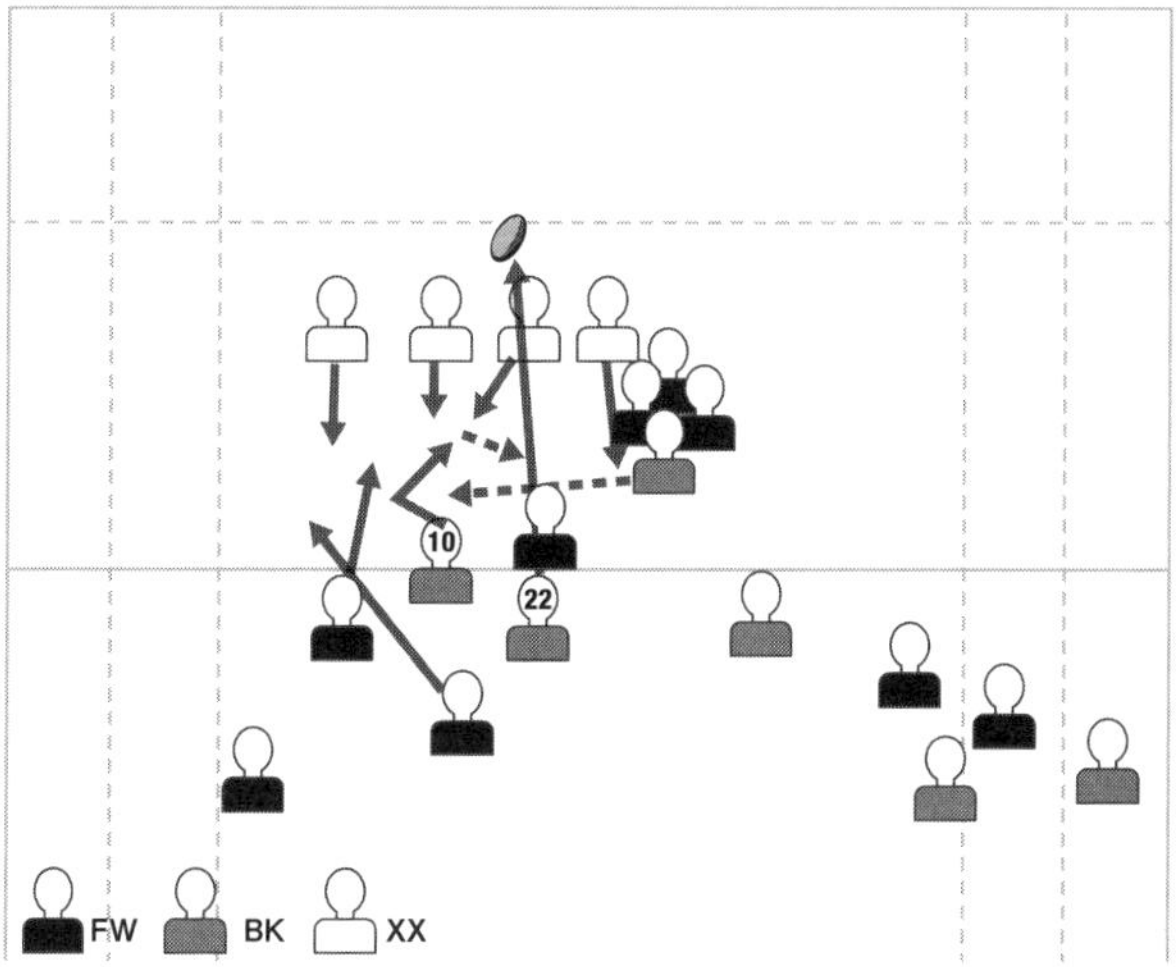

カットインした⑩の田村選手に対面の選手とその内側の選手が詰めたところに、㉒の松田選手が内側に走り込んで、田村からパスを受けてトライ

日本は、自陣からのキックの使い方を、それまでロングキック主体であったのをハイパントに切り替えます。

ハイパントに切り替えた理由としては、二つの理由が考えられます。一つは、ロングキックではスピードのあるサモアのBKに走れられてしまうので、キャッチしても走るスペースのないハイパントにしたのではないかということです。そしてもう一つが、パワーはあるがスタミナのないサモアのFWを前後に多く走らせたかったからではないかということです。

ハイパントに関して、2015年時点では、当時のエディー・ジョーンズHCから、再獲得ができないからという理由で禁止されていました。しかし、そのハイパントも武器にできるほど日本代表は進化を続けていたわけです。

キックの攻防において、日本の戦術的な特徴は、カウンターアタックからの「ポッド形成」です。

現在も日本代表を率いるジェミー・ジョセフHCは、ハイパントキャッチ後のブレイクダウンにＢＫの選手が１人しか参加していないときはポッドを使って展開し、ＢＫの選手がブレイクダウンの中に２人以上いるときはハイパントを蹴り返すという基準をつくりました。

ボールを動かすときは、まず９シェイプでブレイクダウンをつくり、10シェイプのＦＷを１人にして、残りのＦＷはエッジに移動することで、ポッド形成に混乱が少なくなりました。また、これにより、オーバーラップをつくることができます。

このフォーメーションは、とくにアンストラクチャー（陣形が整っていない状態）の場面で生きることになりました。また、９シェイプ３人、10シェイプ１人のポッドは、階層的なラインを複数つくれるのポッドとして、２０１９年以降は世界的にもスタンダードとなっていきます。

現在のジャパンの「13112」からの攻撃

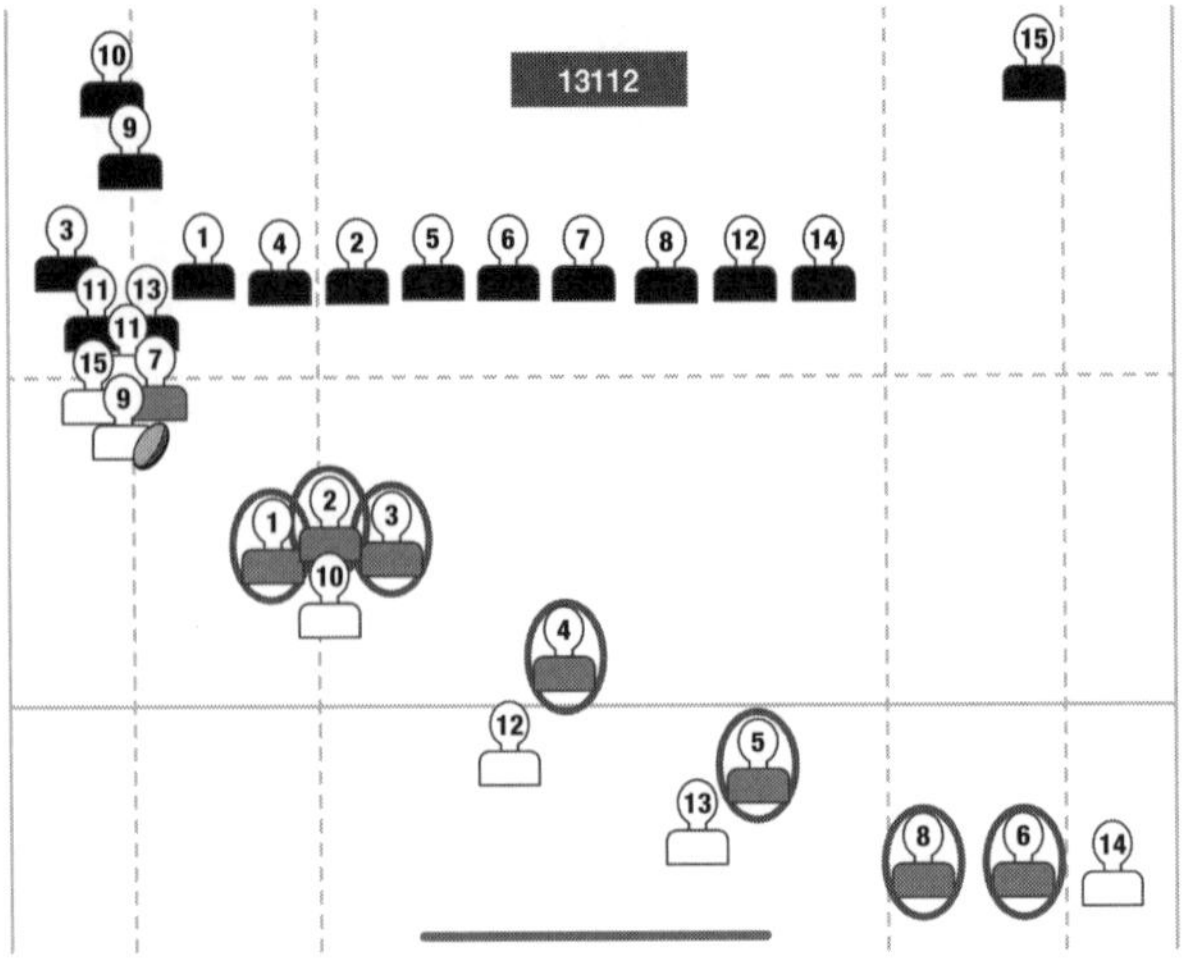

9シェイプ3人、10シェイプ1人を配置

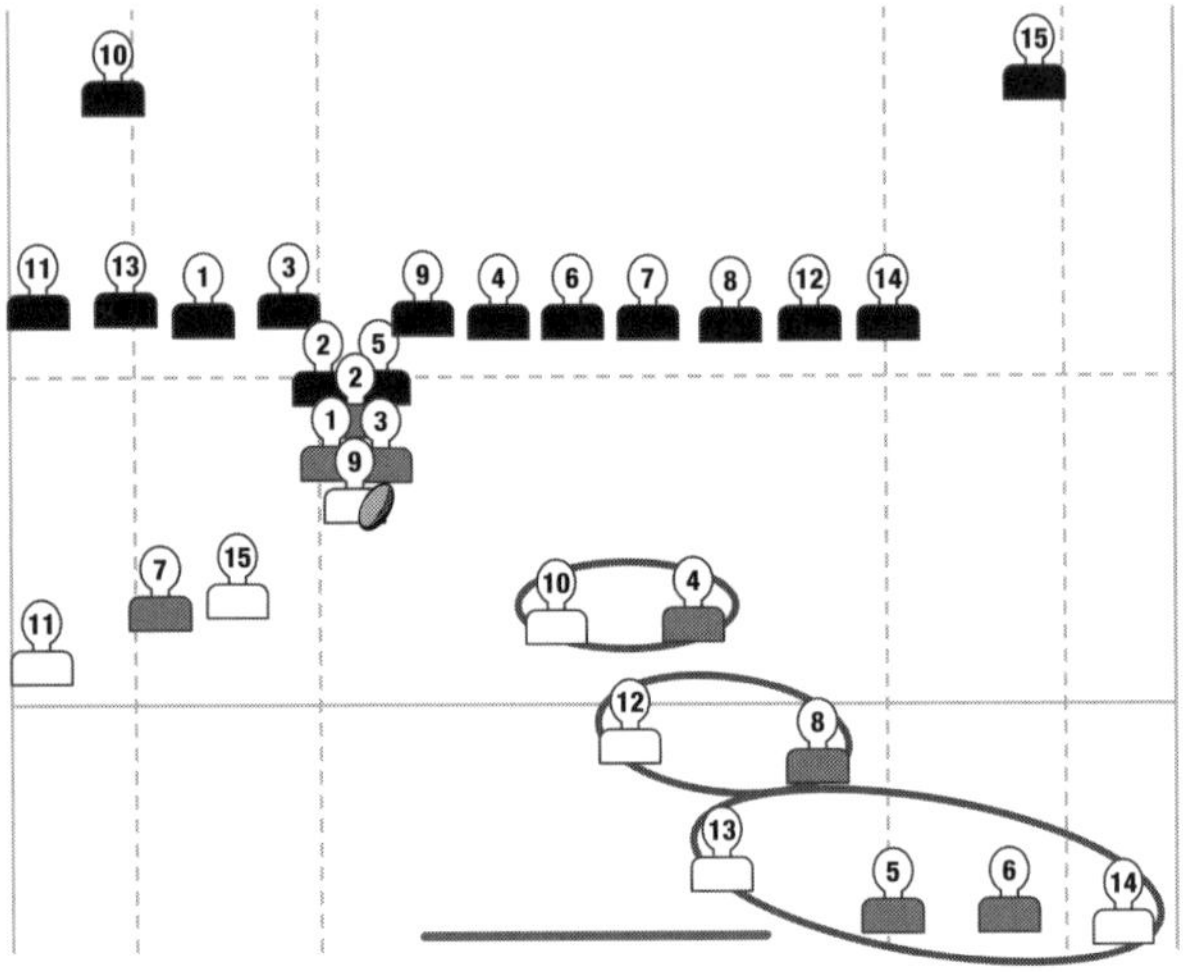

これによりダブルラインを複数つくることができる

5 日本対スコットランド戦

サモア戦に38対19と完勝し、予選プールを3連勝した日本は、予選プールの最終戦でスコットランドと対戦しました。

この試合、スクラムとモールで戦略的に優位に立とうとするスコットランドを、日本はみごとに抑え込み、スコットランドが意図したゲーム運びをさせません。

スコットランドのＦＷの選手は、スクラムやモールといったスタティックな（静止した状態の）パワープレーには強いものの、スピードがなく、ボールを大きく動かすと、防御のポジショニングが間に合わなくなります。

とくにスピードのないＦＷ第１列の選手は、フィールド内を大きく動かなくてもよいように、ミッドフィールドに残るようになります。

そのスコットランドの防御の特徴を、日本は利用します。

ミッドフィールドにポジショニングするスコットランドのFW第1列の選手を狙うために、日本はこれまでの「エッジと9シェイプのピストンアタック」ではなく、ミッドフィールドを狙える「9シェイプと10シェイプのピストンアタック」に切り替えたのです。

しかも、単なる10シェイプではなく、いまあたりまえのオプションになっている、9シェイプからのスイベルパスを使って、防御に的を絞らせないようにして10シェイプを使って防御を混乱させ、エッジにスペースをつくりだしました。

スコットランドの攻撃のポッドは、エッジにFWが2人、ミッドフィールドに3人と1人のポッドが1個ずつ、反対側のエッジに2人の「2312」で、両エッジにFWが2人ずついるので、外側で数的にも質的にも優位性をつくりだすことができます。

ただし、10シェイプがフロントドアとバックドアに1人ずつの配置になります。

10シェイプとエッジのポッド間が広かったために、日本は不利である外側を無視して、徹底して10シェイプのフロントドアとバックドアにプレッシャーをかけて、スコットランドに優位性のある外側にボールを運ばせないようにしました。

スコットランド戦におけるジャパンのアタック

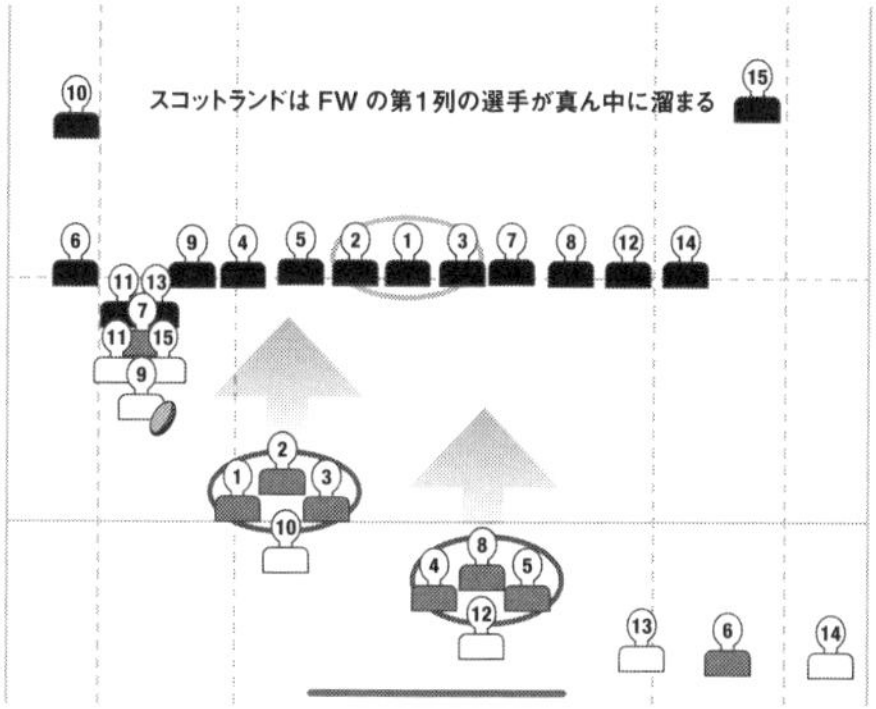

ミッドフィールドにポジショニングするスコットランドのFW第1列の選手を狙ってスイベルパスを使った10シェイプ

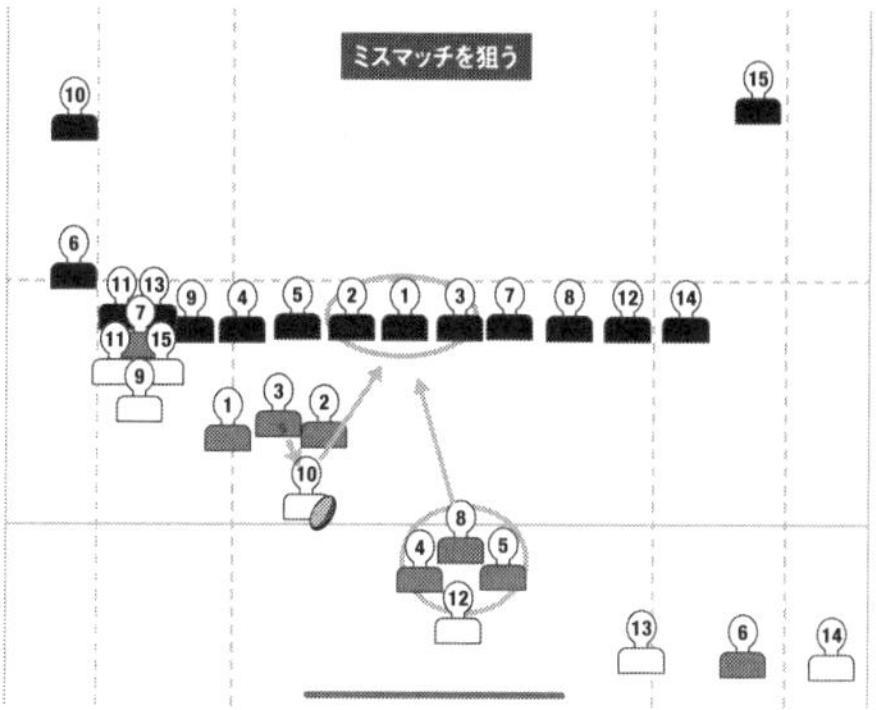

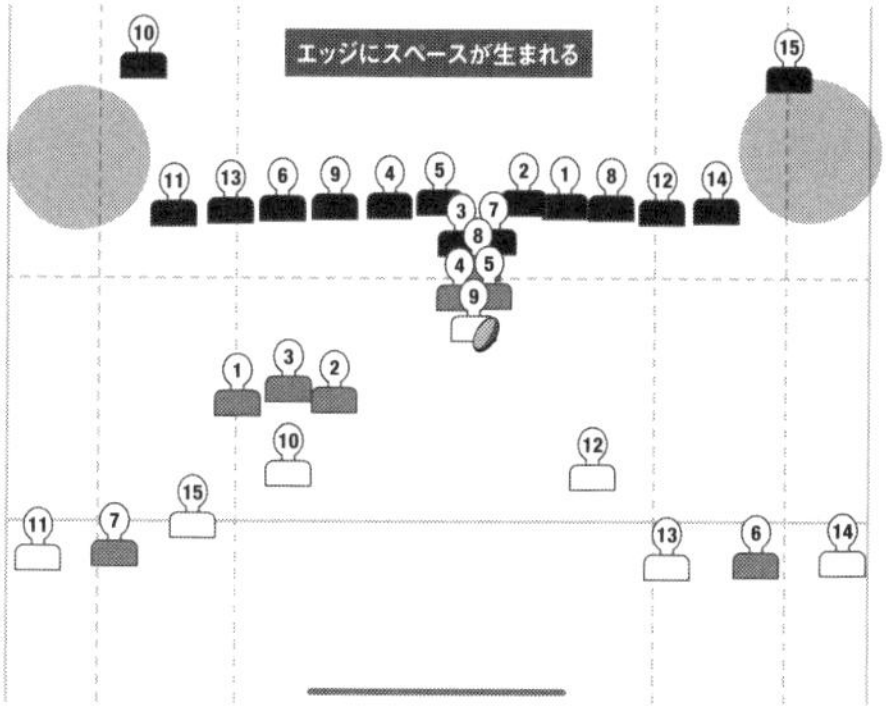

ミッドフィールドでゲインして空いたエッジのスペースを攻撃

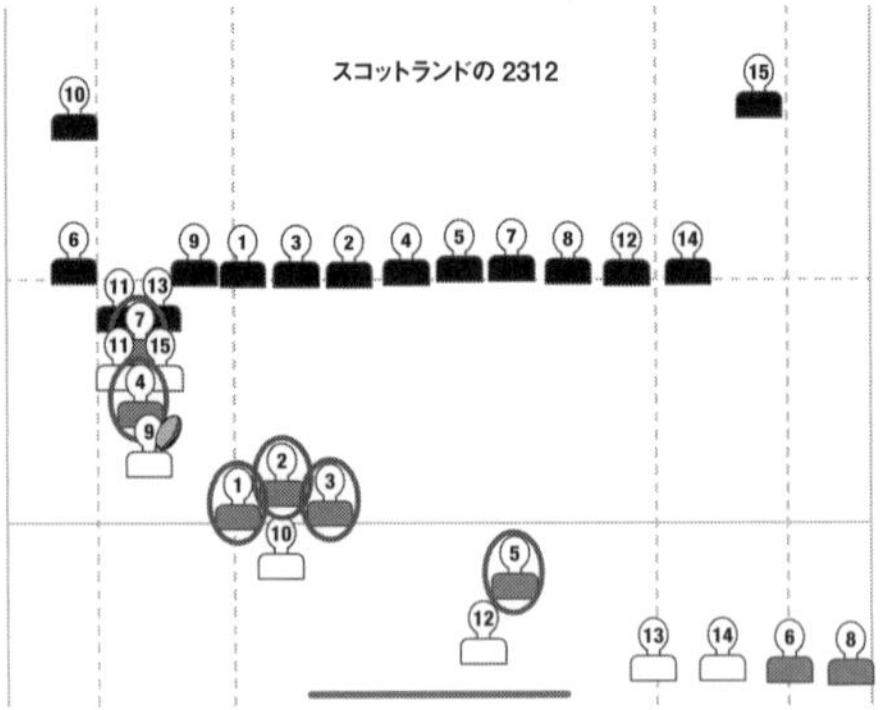
スコットランドの 2312

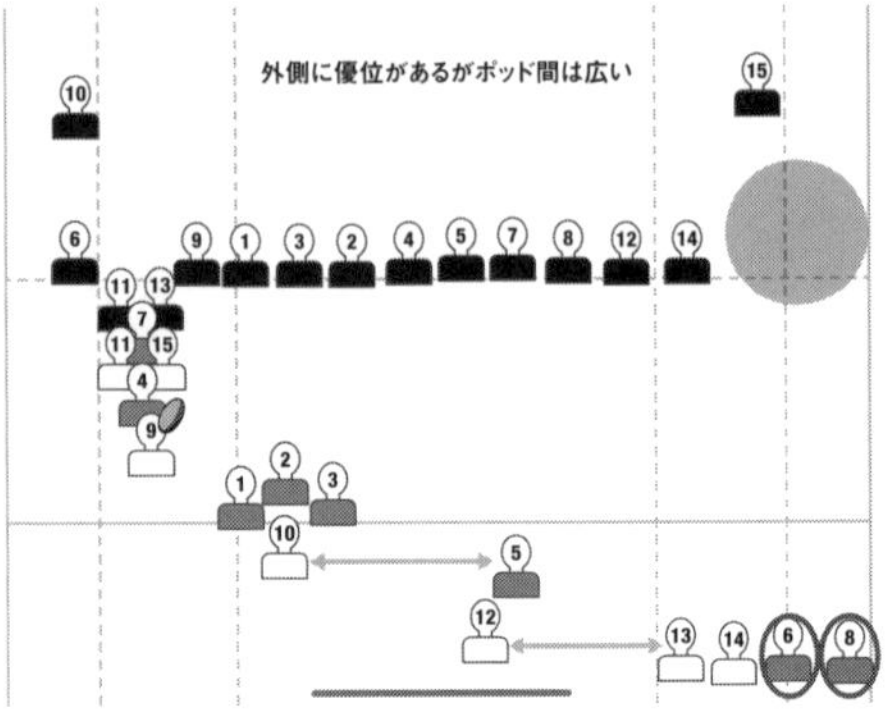
外側に優位があるがポッド間は広い

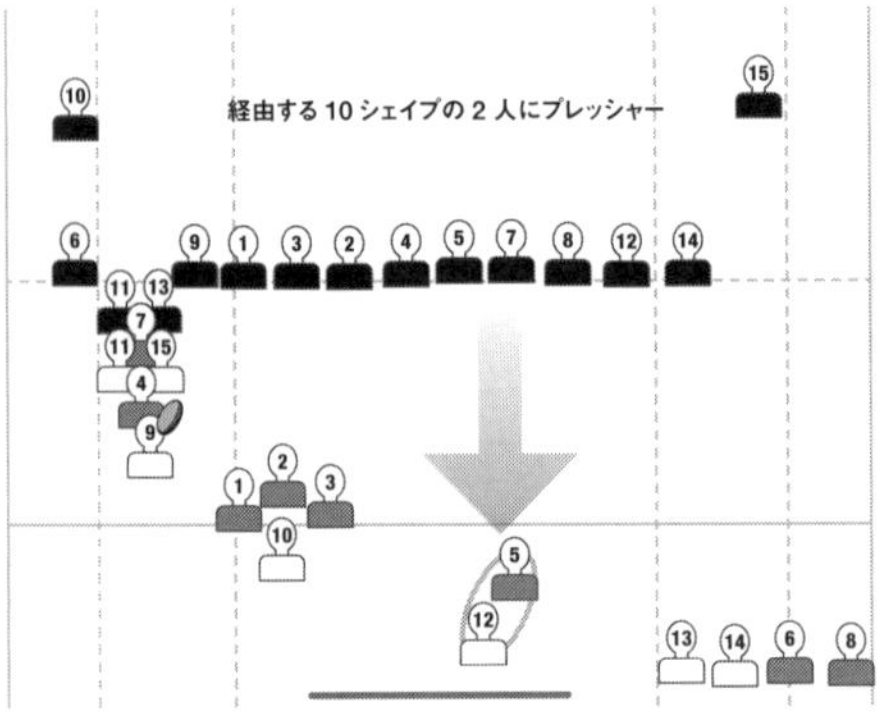
経由する 10 シェイプの 2 人にプレッシャー

こうしてゲームを完全にコントロールし、28対21で激戦を制して、日本は予選プール全勝で1位抜けを果たしました。

6 ニュージーランド対アイルランド戦

準々決勝の第2試合は、ニュージーランドとアイルランドの対戦となりました。

防御とキックで優位に立ちたいアイルランドに対して、ポッドを使いボールを大きく展開したいニュージーランドという構図です。

まず、ニュージーランドはアイルランドのハイパントに対して、レシーバーを守る「エスコート」を使い、アイルランドのハイパントを完全に封じます。

アイルランドの攻撃もFWの9シェイプや10シェイプを中心としたもので、ニュージーランド防御陣に脅威を与えることはできません。

ニュージーランドの攻撃は、10シェイプでミッドフィールドにブレイクダウンをつくり、SOのリッチー・モウンガ選手とフルバック（以下、FB）のボーデン・バレット選手という2人の「意思決定者」が両サイドに分かれて、チャンスのあるほうにボールを運ぶ戦術です。

また、両サイドのいちばん外側には、走力のあるフッカー（以下、HO）のダン・コールズ選手とフランカー（以下、FL）のアーディー・サヴェア選手を配置して、ミスマッチを攻撃します。

ニュージーランドは、9シェイプや10シェイプのポッド内でも、FWによるポッド内でのショートパスである「ティップオン・パス」を使い、防御に的を絞らせません。

アイルランドの防御は、内側からプレッシャーをかけていくシステムなので、パス先にプレッシャーをかけることはできず、あと追いでのタックルになってしまいます。

そのため、本来はそこでプレッシャーをかけたいのにゲインされ、空いた外側のスペースにボールを運ばれて、アイルランドはニュージーランドに完全にゲームをコントロールされてしまいました。

©Getty images

この一戦を機にアイルランドは防御システムを変更した

その結果、46対14という予想もしなかった大差でニュージーランドが勝利しました。

それから4年後に、アイルランドの防御システムは、内側からプレッシャーをかけるのではなく、外側の選手が早く上がって外側から内側へ包み込むようにプレッシャーをかける「アンブレラディフェンス」に進化しました。

次章では、こうした前回大会での各チームの戦術をふまえたうえで、2023年フランス大会での戦術を解説します。

第5章

2023年W杯フランス大会で予想される戦術

２０２３年9月8日に開幕するラグビーW杯フランス大会。現地で生の興奮を体験する人も、テレビで全試合をチェックする人も、各チームの戦術を知ると、その楽しさが倍増するはずです。そこで本章では、主要チームの戦術を分析し、ラグビー観戦の奥深さを体感していただこうと思います。

なお、いくつかのチームは、W杯前の試合が7月以降となっているため、締め切りの都合上、そちらの戦術に関する分析を入れることができませんでした。悪しからずご了承ください。

1 ニュージーランド

ニュージーランドといえば、いわずと知れたラグビーの「王国」ですが、現時点での世界ランキングは第3位と、やや低迷しています。ラグビーを国技とし、ラグビーが文化の中心であるこの国の代表「オールブラックス」が、大舞台でどのような戦術を披露するのか注目したいところです。

第2章でもふれたように、現在のラグビーにおける主要戦術である「ポッド」はニュージーランドで誕生しました。そのため、現在もニュージーランドでは、ポッドを中心とした戦術が遂行されています。

ハンドリングにすぐれたＦＷと、ブレイクダウンのスキルに長けたＢＫにより、ポッドで優位に立ち、オーバーラップやミスマッチの状況をつくって攻め続ける「攻撃ラグビー」が特徴です。

また、幼少期からラグビーにふれているため、個々の判断能力にすぐれている点もニュージーランドラグビーの長所と言えるでしょう。そのため、試合の途中でも状況に応じて戦術を変えられるのが強みです。

具体的な戦術を分析していきましょう。

個々のスキルの高さを生かして、背番号に関係なく、近くにいる選手が必要なポジションに入ってプレーできるのが、ニュージーランドの特徴です。近年、ＦＬの選手がＷＴＢのポジションに入ってプレーするのは一般的ですが、ニュージーランドの場合、ＷＴＢの選手がＳＯのポジションに入ったり、ＣＴＢの選手がＦＷのポジションに入ったりしてプレーします。そうすることで、ポジショニングが速くなるうえに、いろいろなところでミスマッチをつくりだすことができます。

©Getty images

背番号に関係なく近くにいる選手が必要なポジションに入ってプレーできるのがニュージーランドの強み

防御においては、2019年のW杯では、南アフリカやイングランドのようにラインスピードを極端に上げる「ラッシュアップディフェンス」ではなく、相手のパスに合わせて防御ライン全体を外にスライドさせる「スライドディフェンス」が主体でした。そして、ブレイクダウンでもプレッシャーをあまりかけない戦術を採用しましたが、そのために準決勝でイングランドに敗れました。

元来、ニュージーランドの選手は、南アフリカやイングランドの選手に比べて体格的に劣るので、ブレイクダウンの内側に防御の人数を集めて、スペースのある外側を足の速いアウトサイドBKで止めるという考え方でした。今大会では、この点をどのように修正してくるのかに注目しています。

2 フランス

フレア（ひらめき）あふれるランが象徴する「フレンチ・フレア」と、シャンパンの泡のようにサポートが湧き出てFW・BK関係なくパスをつなぐ「シャンパンラグビー」で有名ですが、フィジカルの強さにも定評があり、実は肉弾戦も得意とするチームです。

SHのアントワーヌ・デュポン選手、SOとCTBを兼務するロマン・ヌタマック選手を中心にボールを大きく動かすラグビーは、見る者をぞんぶんに楽しませてくれます。

アンストラクチャー（陣形が整っていない状態）からの展開、ターンオーバー、キック後のカウンターアタックに強く、ボールを保持したときの圧倒的な攻撃力を誇ります。また、普通にパスやステップで抜きにかかるだけではなく、ボールキャリアーが仕掛けてつくったスペースに、レシーバーが連動して突破していきます。

戦術においては、SHのデュポン選手が自陣脱出のキーとなっています。デュポン選手は、SHの位置から40メートルを越えるロングキックと対空時間の長いハイパントを蹴ることができるので、自陣からは彼のキックで一気に地域を進めることができます。キックオフで相手チームがフランス陣22メートルライン内にボールを蹴り込んでも、デュポン選手のタッチキックでハーフウエイラインまで戻されます。

防御に関しては、2019年W杯終了後、ウエールズ代表のディフェンスコーチであったショーン・エドワーズ氏と契約して、秩序立った防御の構築とエドワーズ氏が得意とする「チョップタックル（低い位置に入るタックル）」を導入し、防御力の向上に成功しました。

攻撃においても、BKがエッジからエッジへと移動しながらオーバーラップや位置的優位をつくります。

とくに位置的優位は、相手にノミネートされにくい階層的なラインをつくります。BKが移動する場合、元々あるラインの裏側に入って位置的優位をつくるのはどこの国も同じですが、フランスは複数（2人）が移動して、その2人が1人ずつラインの裏側に入ります。つまり、2層のラインが二つできることになるのです。

2023年のシックス・ネイションズ（ヨーロッパの六つの国と地域が参加する国際ラグビー大会）では2位に終わり、世界ランキングも2位にとどまっていますが、今回は自国開催のW杯ということで、並々ならぬ気合が入っているようです。とくに、前回の自国開催時（2007年）

一般的な階層的ラインのつくり方

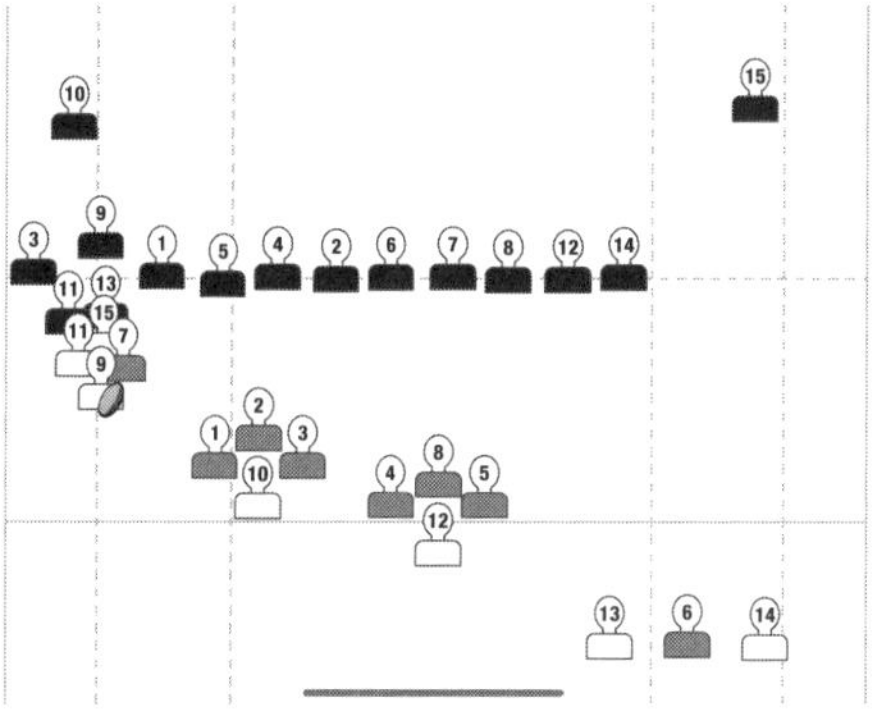

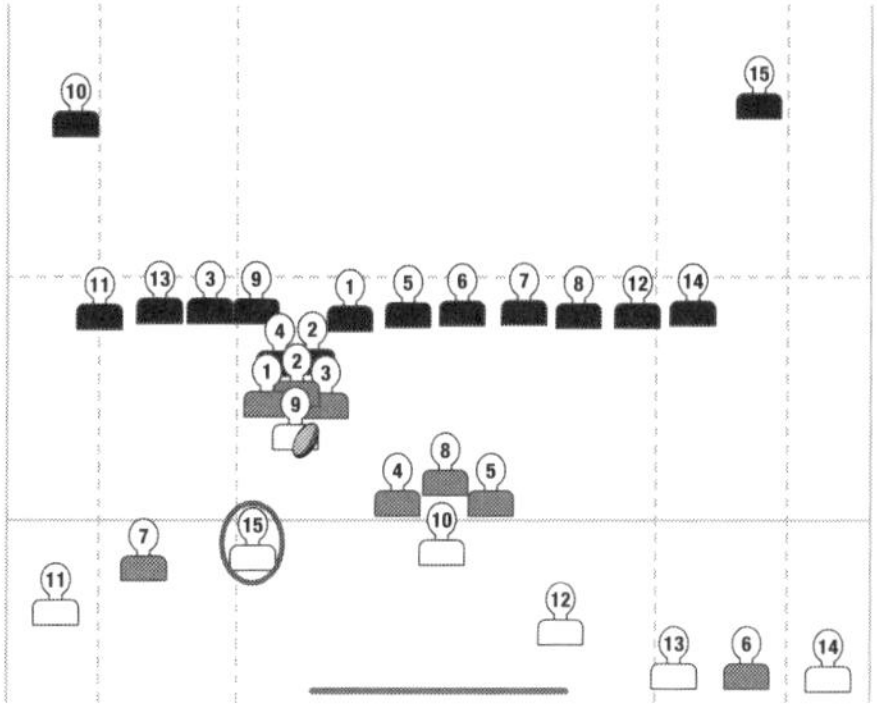

9シェイプのブレイクダウンの後ろに⑮が移動

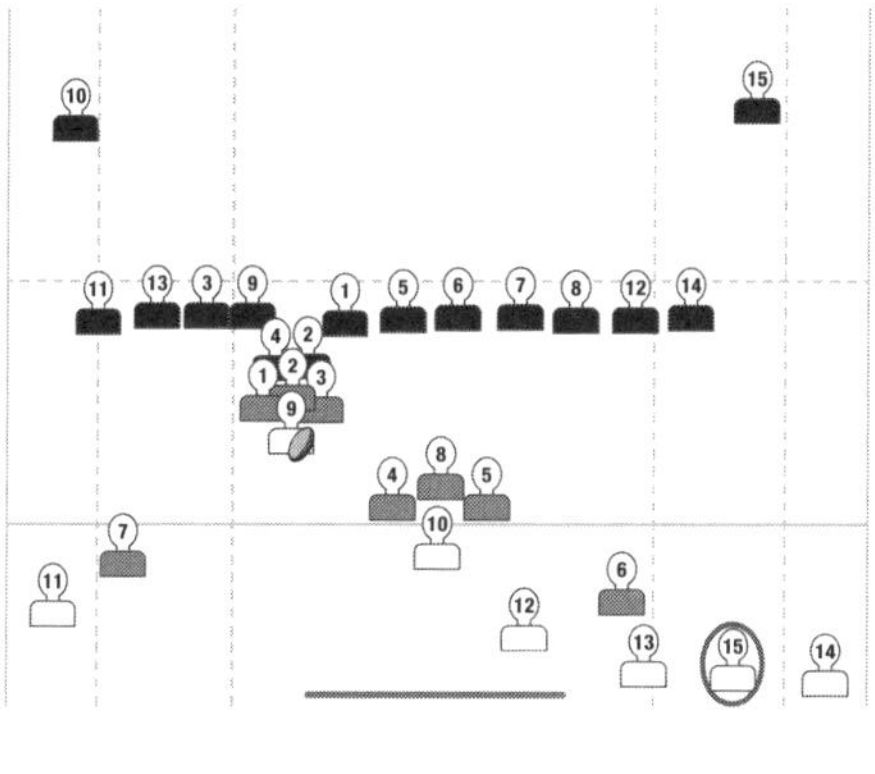

BKが移動する場合、一般的には元々あるラインの裏側に入って位置的優位をつくる

フランスの階層的ラインのつくり方

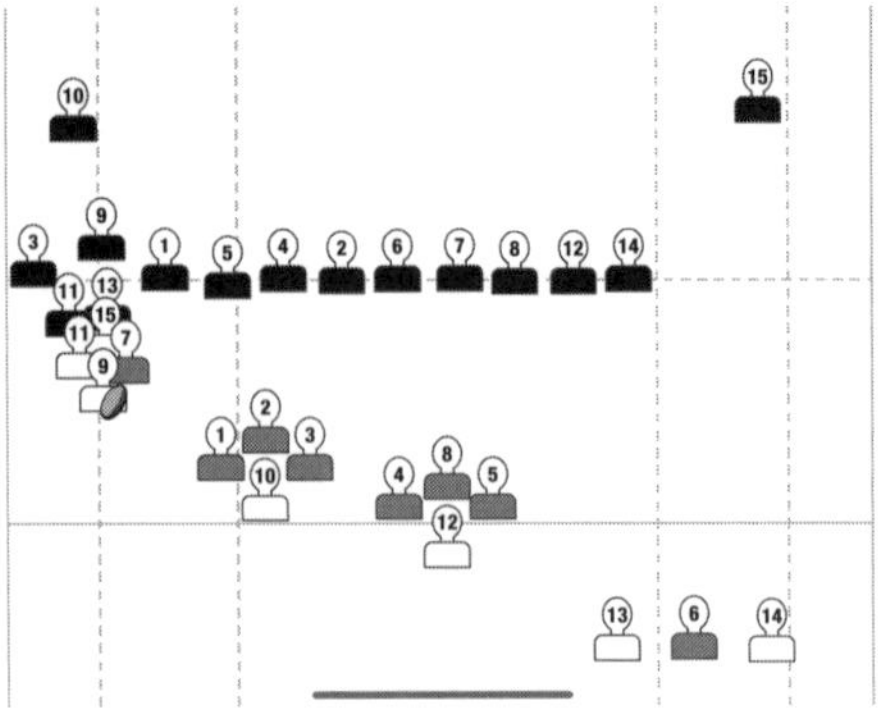

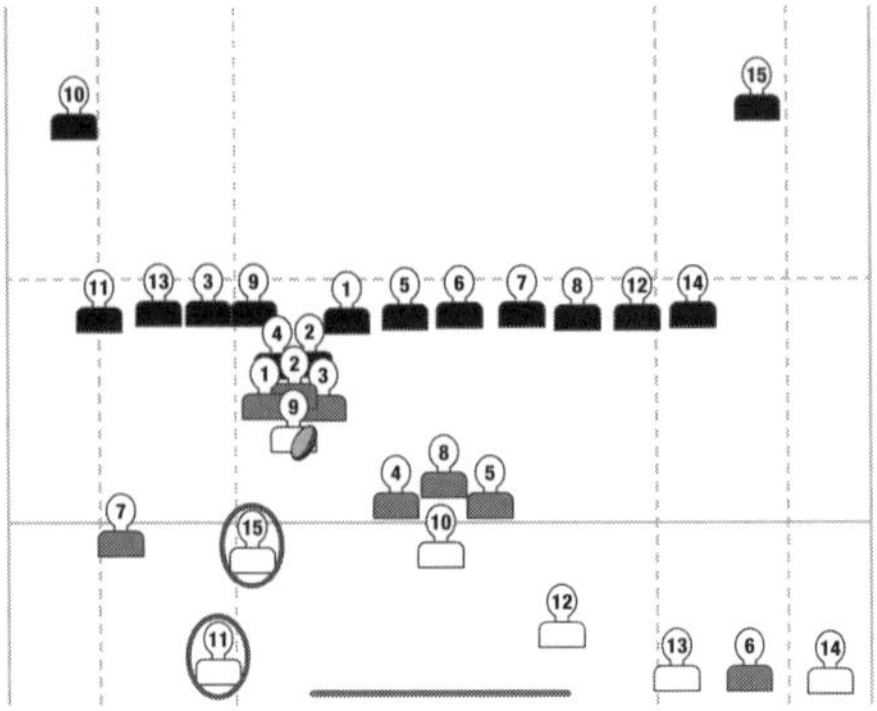

9シェイプのブレイクダウンの後ろに⑮と⑪が移動

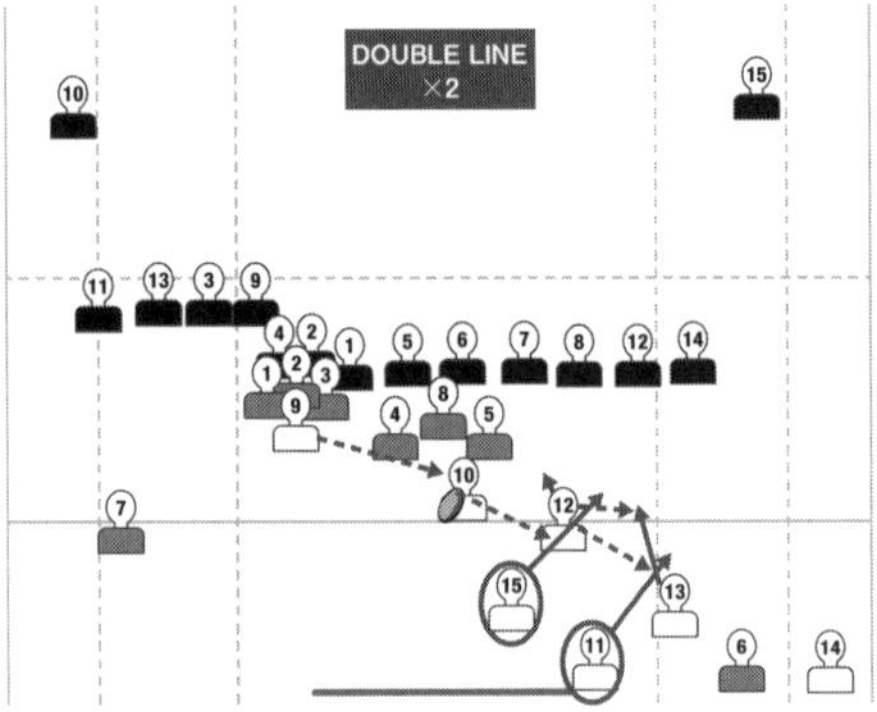

移動した2人がそれぞれ1人ずつバックラインに入り、2層のラインを二つつくる

に4位という期待を裏切る結果に終わっているだけに、その雪辱をはらすために、どのような戦術を展開するのかが注目されています。

3 イタリア

激しい当たりと突破力が特徴のチームです。シックス・ネイションズでは苦戦が続いているものの、2022年にはウェールズ代表とオーストラリア代表を破り、勢いにのっています。

スクラムを中心としたFWによる攻撃力とブレークダウンが強化され、BKの攻撃力も向上しています。ディシプリン（規律）の面が改善できるかが、上位進出のカギになるのではないでしょうか。

戦術的には、中盤での攻撃が魅力的です。フランスと同じようにBKの選手が移動しますが、イタリアの場合は常にオープンサイドに移動します、2人が移動する場合、フランスはそれぞれの選手が2ラインを二つつくるのに対して、イタリアは一つのラインに2人が入って「3ライン」を形成します。最初からそこにいるのではなく、ボールが動いている最中に移動して3ラインを形成するので、防御側はノミネートするのが非常にむずかしく、防御を混乱させることができます。

この移動で驚異となるのが、FBのアンジェ・カプオッツォ選手です。圧倒的なラン能力でゲインラインを突破してきます。

また、こうした階層的なラインに対して、スライドディフェンスを使ってゆっくりスライドしてきた場合には、階層的なラインでの深くて後ろへのパスをくり返してスペースにパスを運ぶだけではなく、後ろと横のパスの組み合わせで防御を混乱させてゲインラインを破ってきます。

ただし、敵陣ゴール前と自陣脱出に関して戦術が煮詰まっていないのが課題です。自陣深くでボールを動かしすぎてミスから失点につながったり、敵陣ゴール前では単調な攻撃に終始したりと、すべてのゾーンでの戦い方が定まっていないように感じました。W杯に向けて、そのあたりの完成度がどこまで高まるかに注目しています。

イタリアの階層的ラインのつくり方

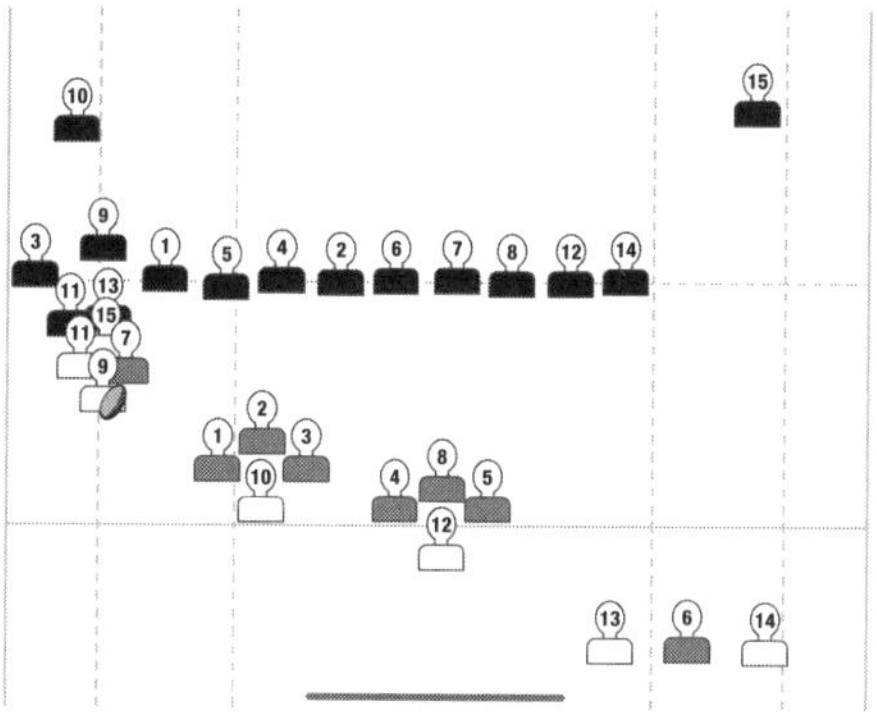

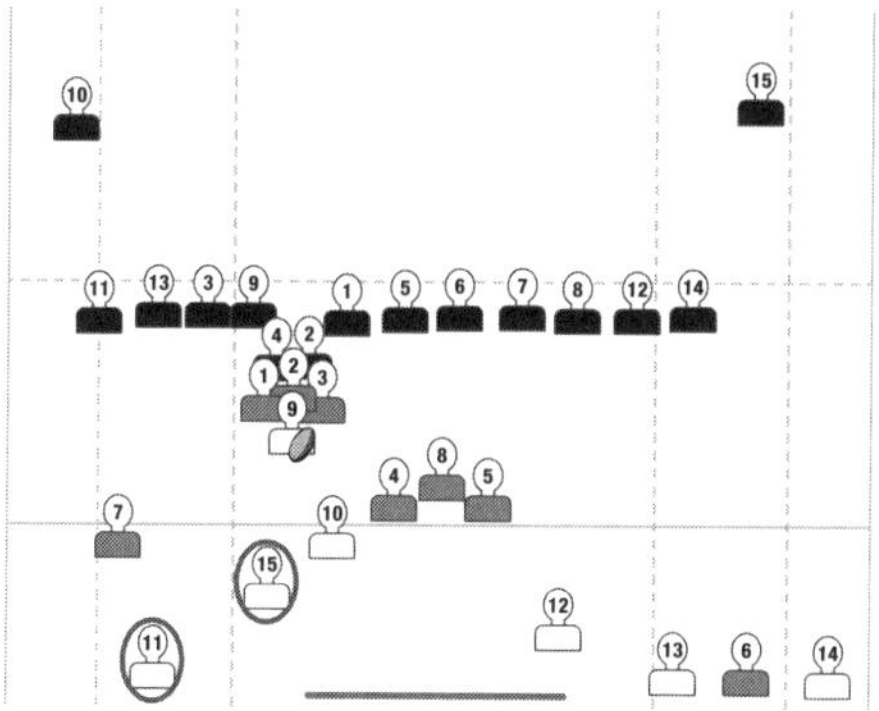

9シェイプのブレイクダウンの後ろに⑮と⑪が移動

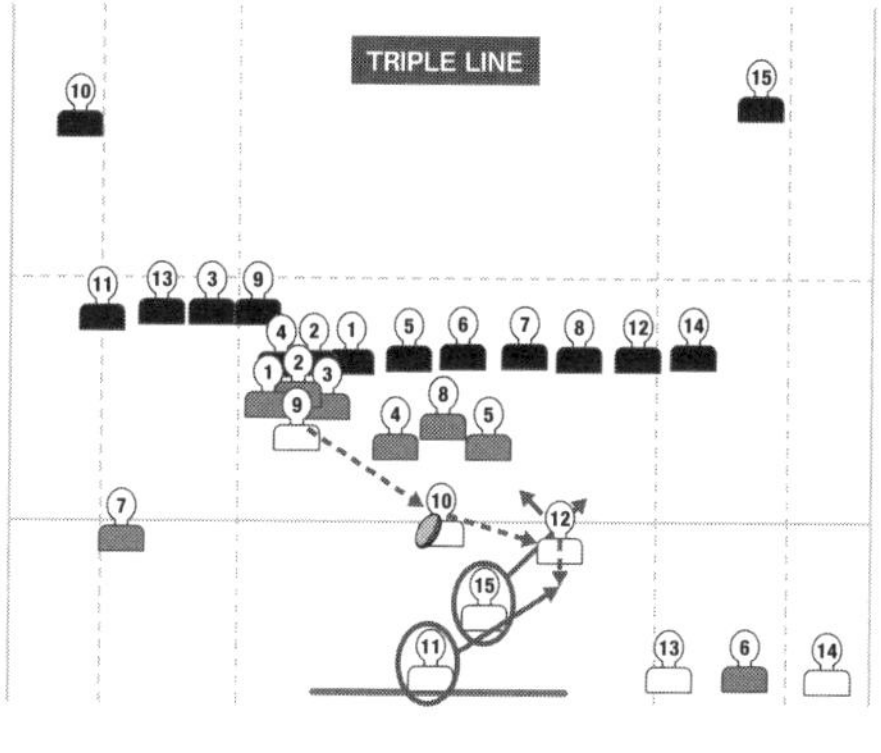

移動してきた2人が1人の選手のバックドアに入り、トリプルラインを形成

4 南アフリカ

2015年のW杯イングランド大会において、圧倒的有利と見られていた日本戦でまさかの敗亡を喫し、「スポーツ史上最大のジャイアントキリング」を経験した「スプリングボクス」。しかし、2019年のW杯日本大会では、通算3度めの優勝を飾り、雪辱を晴らしました。今大会は、コロナ禍によりチームの調整が遅れぎみとはいえ、本命のアイルランド、対抗のフランスに次ぐ優勝候補にあげられています。

最大の特徴は、巨体を生かした力強い防御力にあります。あえて相手に攻撃をさせておいて、激しいタックルとブレイクダウンによってターンオーバーを狙うスタイルは、世界中の脅威となっています。また、身長2メートル以上の選手を何人も要していることから、キックで前進を図り、ラインアウトを起点に攻撃を仕掛けます。

戦術を分析すると、攻撃面では相手を混乱させるようなシステムはありません。セットプレーからはキックを使って前進し、極度に前に出るラッシュアップディフェンスからブレイクダウンを圧倒してターンオーバーから一気にボールをスペースに運びます。ブレイクダウ

©Getty images

デクラーク選手のスピードは各チームによって脅威

ンで相手が反則をおかすと、ペナルティーゴールで得点を重ねたり、敵陣ゴール前にキックを蹴り込んでラインアウトモールからトライを奪ったりします。

また、ハイパントでポゼッションを狙い、防御がくずれた状況から一気にボールをスペースに運んでトライを奪ってきます。このハイパントの成功率が他国から比べると群を抜いてすぐれています。他国では20〜30％台であるのに対し、南アフリカは50％前後と半分は自分たちで確保しているのです。したがって、対戦相手にとっては、南アフリカのハイパントをどう攻略するかが、大きなポイントになってくるでしょう。

防御は極度に前に出るラッシュアップディ

フェンスなので、外側にスペースが生まれます。2019年W杯の予選では、ニュージーランドにそこをつかれて敗れています。実は、日本もそこをついて攻防を優位に運んだのですが、スクラムとモールでプレッシャーをかけられて勝つことができませんでした。

世界最高のHOと称されるマルコム・マークス選手や、小柄ながら激しいタックルで「小さな巨人」と呼ばれるSHのハフ・デクラーク選手など、リーグワンで活躍する選手の躍動も楽しみです。

5 アイルランド

W杯イヤーのシックス・ネイションズで5年ぶりのグランドスラム（全勝優勝）を達成し、現在、世界ランキング1位のアイルランドは、優勝候補の筆頭と目されています。

強力なFW陣でボールを確保し、2018年世界最優秀選手であるSOのジョナサン・セクストン選手が長短のパスを駆使して、ボールを大きく動かすアタッキングラグビーを確立しています。

また、世界屈指のフィジカルを有しており、ひたむきなタックルと気持ちを前面に出した熱いプレーから「魂のラグビー」と称されるプレースタイルも注目の的です。

具体的な戦術を分析していきましょう。

自陣からはハイパントを軸にポゼッションとエリアの獲得を狙い、敵陣では狭く深いポッドで相手防御の足を止めて、ボールを動かします。

FWのフィジカルの強さはそのままに、内側から追いかける防御は、外からプレッシャーをかけてパス先にもプレッシャーをかけるアンブレラディフェンスも使うことで、アタックライン全体にもプレッシャーをかけられるようになりました。

2019年大会での攻撃はポッド間が広く、ポッドからポッドへのパスがロングパスになるため、パスに合わせて防御にプレッシャーをかけられ、攻撃が機能しませんでした。

そこで、アイルランドはポッド間を狭くして、9シェイプと10シェイプをうまくリンケージさせ、防御に的を絞らせないようにしています。

また、9シェイプ、10シェイプは、走りながらティップオンパス（FWのポッド内でのショートパス）やスイベルパスを使うので、相手防御の足を止めた状態で攻撃することができます。

アイルランドの狭く深いポッドに対して、防御側のノミネートが不十分だと、自在に攻撃されてしまいます。たとえば、防御側の1人めから4人めまでのノミネートが不十分であれば、SHからのパスや9シェイプのティップオン・パスによって、ノミネートが不十分なところに仕掛けられ、くずされます。5人めから8人めまでのノミネートが不十分であれば、9シェイプからのスイベルパスで10シェイプに仕掛けられて、くずされます。

狭いポッドに対して、相手防御が内側に集まってノミネートできているとすれば、外側に大きなスペースができるので、広く立っているエッジの選手に対するキックパスによって防御網はくずされてしまいます。

しかし、アイルランドには、フランスやイタリアのような移動攻撃は見られません。ミッドフィールドでのブレイクダインからSOが逆目に移動する攻撃はありますが、基本的にはポッドは移動せずに、深いポッドでリンケージした攻撃を仕掛けてくるので、防御側はノミネートを明確にしてプレッシャーをかけ続ければ、そこまで大きな脅威はないと考えます。

アイルランドは、セットプレーやモールのスキルレベルも高く、隙の少ないチームです。攻撃の特徴を理解して、狙いを絞って戦う必要があります。

アイルランドの狭く深いポッドのつくり方

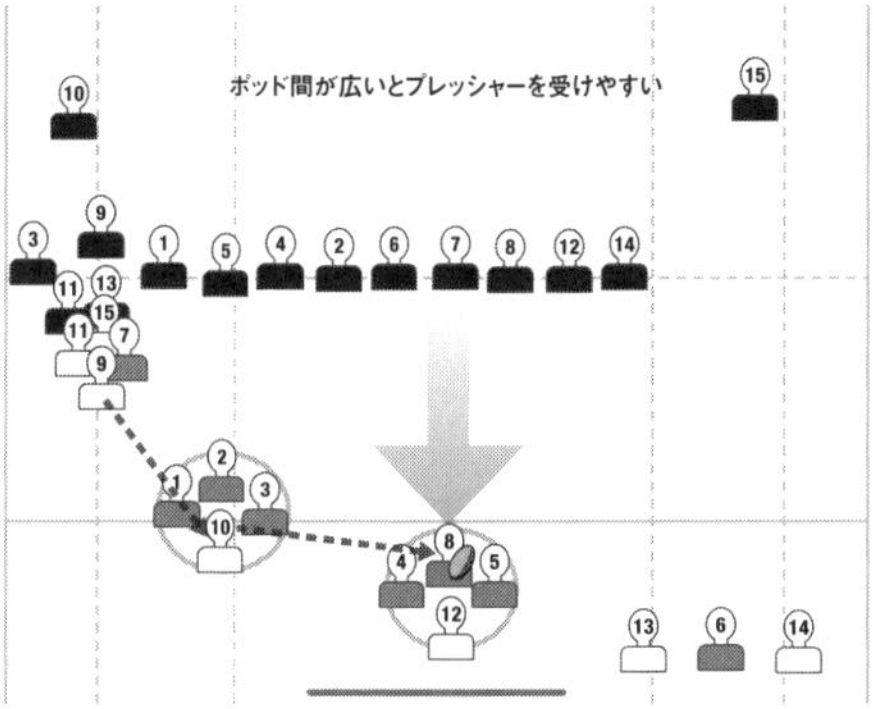

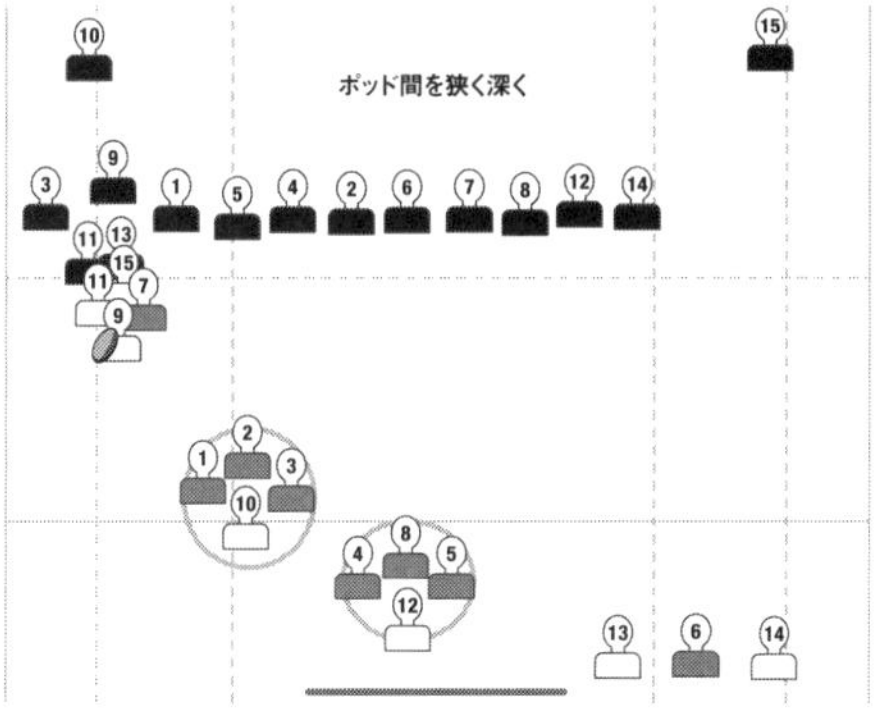

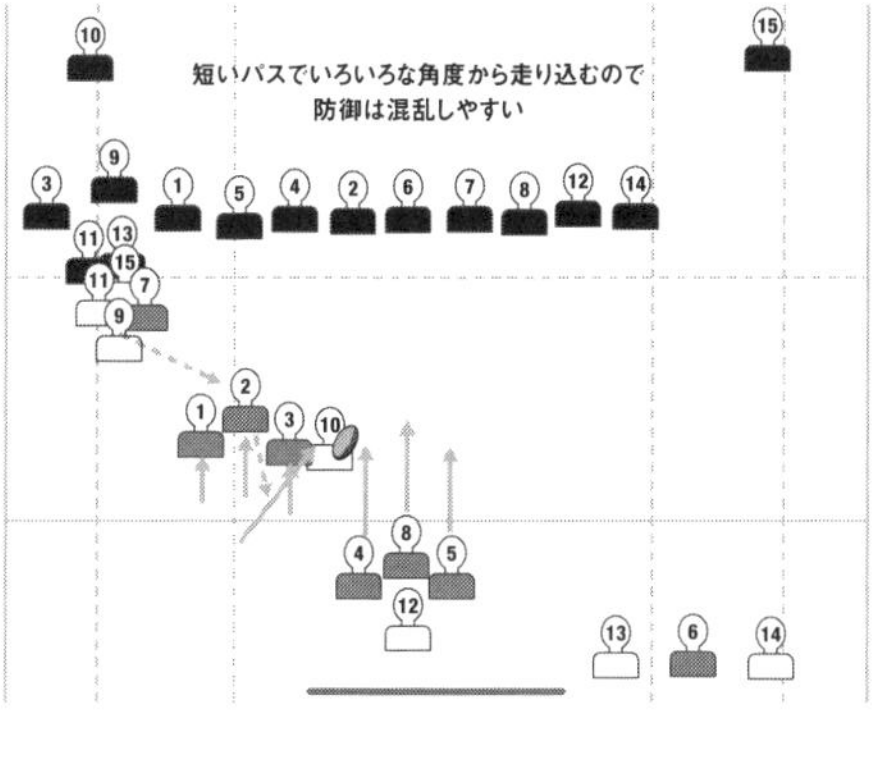

ポッド間を狭くして、9シェイプと10シェイプをうまくリンケージさせ、防御に的を絞らせないようにしている

6 スコットランド

2023年のシックス・ネイションズでアイルランド、フランスに次ぐ3位となったスコットランドは、アイルランドとプレースタイルが似ており、FWの強さと正確なキックを中心とした戦術を得意としています。派手さはないものの、伝統的に堅実でひたむきなプレーを実行します。

近年は、オフロードパス（タックルを受けながらのパス）やキックパスを駆使してスペースで勝負するラグビーを展開し、ラインアウトモールや粘り強い防御も強化されています。

戦術的には、自陣ではスペースのあるエッジにうまくボールを運んで、キックを警戒しているバックラインの選手をコントロールしてスペースをつくりだし、そこにキックを蹴ってエリアを獲得してきます。

2019年大会では、FWのタイト5（1～5番）の防御力に明らかな問題があり、日本にその弱点をみごとにつかれて破れました。しかし、近年、その課題も修正されつつあり、W杯までにタイト5の防御力がどこまで仕上がるかは勝敗に大きく影響しそうです。

ＳＯのフィン・ラッセル選手のゲームコントロールは秀逸で、巧みな判断でスペースをつくりだし、オフロードパスから防御をくずすことができます。

また、今大会の直前に世界的ＦＢのスチュワート・ホッグ選手が現役から引退することを表明したことが、チームにどのように影響するかも注目したいところです。

7 ウェールズ

１９７０年代に世界を席巻し、２０１９年のシックス・ネイションズではグランドスラムを成し遂げたウェールズですが、その後はやや低迷ぎみです。

伝統的に名ＳＯを輩出しており、規律の守られた防御を中心に、シンプルで粘り強く、アンストラクチャーを生かした攻撃により、接戦をものにしていく戦いを得意としています。パスで防御をうまくくずせないので、中盤であっても積極的にハイパントを使い、敵陣深くでの再獲得を狙ってきます。相手のバックラインの連携が遅れて少しでもスペースが生まれると、キックでゴール前に侵入し、モールでトライを狙ってきます。

戦術的には、規定的な9シェイプ、10シェイプ、エッジと順番にポッドを当ててきますが、バックスリー（両WTBとFB）の選手がエッジからオープン側のエッジに移動して数的有利をつくりだそうとします。

防御は、外側が前に出るアンブレラを使いながらのラッシュアップディフェンスを使います。

世界最多の170キャップを誇るロック（以下、LO）で、チームの精神的支柱であったアラン＝ウィン・ジョーンズ選手が、大会4ヵ月前に代表引退を表明したことが、チームにどのような影響を及ぼすのかも注視したいところです。

8 オーストラリア

2023年1月に名将エディー・ジョーンズ氏がHCに就任したワラビーズ。W杯での勝率が82%という同HCの手腕に期待がかかります。

前章でふれたように、同HCはラグビー・リーグの長所を積極的に採り入れる柔軟な考えの持ち主です。そのため、タックル後のモールやラックなどの密集プレーを極力さけ、試合の流れを止めずに、スピーディーな展開ラグビーを志向します。また、個人の判断力にゆだ

©Getty images

エディー・ジョーンズ HC の手腕に注目（写真はイングランド HC 時代）

ねるのではなく、緻密で組織的なプレースタイルも大きな特徴といえます。

戦術に関しては、防御は激しく前に出るラッシュアップディフェンスです。攻撃面は、エディー・ジョーンズ氏がＨＣに就任したことで、どういった戦術になるか未知数な部分がありますす。これまでは戦術的には革新的な部分が見えませんでしたが、デザインされた攻撃には定評があります。とくにゴール前では、防御を誘導してスペースをつくったり、ポジショニングが間に合わないところを一気に外側のスペースを攻撃したりと、ボールを大きく動かしてきます。

また、スーパーラグビーのオーストラリアのチームにおいては、ＳＨがブレイクダウンから積極的にボールを持ち出して、ブレイクダウン周囲を攻撃して防御をくずすなど、SHがゲームをコントロールします。また、SOにクエイド・クーパー選手が入ると、長短のキックでゲームをコントロールしてくるので、相手からすると非常に厄介です。エディー・ジョーンズHCがどういったラグビーを見せてくれるのか興味深いところです。

なお、オーストラリアでは、2022年2月に海外でプレーする選手の選考規定を変更し、スーパーラグビーで5シーズン以上プレーするか、30キャップ以上を保有している選手はオーストラリア代表に入ることが可能としました。この規定の変更により、どんな選手が代表入りするかも注目したいところです。

9 イングランド

ラグビー発祥の地であり、いわばラグビーの宗主国であるイングランド。2016年からエディー・ジョーンズ氏をHCに迎え入れ、強化を図ってきましたが、2022年に4連敗を含む5勝1分7敗という成績不振に陥ったことから、2022年12月に同HCを解任し、元イングランド代表キャプテンのスティーヴ・ボーズウィック氏をHCに起用するという大胆な「賭け」を打ちました。W杯の9ヵ月前にHCを交代するという戦略が吉と出るか、凶と出るか、世界中が注目しています。

イングランドは、安定したセットプレーと強固な防御力による堅実な試合運びが特徴です。攻守にバランスがとれ、キックを主体とした高い攻撃力は世界でもトップクラスといえるでしょう。

その中心となるのが、SO兼CTBのオーウェン・ファレル選手（サラセンズ）。正確なプレースキックに卓越した判断力とトライへの嗅覚、抜群の闘争心と統率力でチームを牽引します。

具体的な戦術を分析していきましょう。

キックと激しく前に出るラッシュアップ・ディフェンスを中心としたチームで、中盤はハイパントを中心にゲームを組み立てます。

敵陣での攻撃では、BKがエッジからエッジに移動する戦術を使います。

SOにマーカス・スミス選手が入ると、攻撃的なラグビーになり、自らのステップで味方にスペースをつくり、パスやキックで自在に味方を走らせます。

イングランドの9シェイプにゲインを許すと、スミス選手からの攻撃になります。同選手の内側、外側、後ろとパスの選択肢があり、状況判断能力、ラン、パススキルの高い彼は防御側の選手に仕掛けながら空いているスペースにパスを出し、自分へのプレッシャーが弱まると抜きにかかります。

しかし、裏を返すと、9シェイプにプレッシャーをかけることさえできれば、それほど怖くはありません。移動はありますが、エッジの攻撃は階層的なラインではなく「1ライン」なので、アンブレラディフェンスで対処することができます。

これに対して、イングランドは、9シェイプでプレッシャーを受けないように、通常の深さである7メートルから10メートルまで後ろに下げた位置から走り込ませる工夫をしています。

また、敵陣深くであっても、タッチライン際に配置されている防御側の選手の外側を狙ってタッチに出すようなキックだけでなく、その選手の内側を抜くキックを使って、インゴールに蹴り込むこともしてきます。

ただし、スミス選手は積極的なプレースタイルゆえにリスキーなプレー選択も多く、彼を起用するかどうかでチームのスタイルも変化します。

イングランドが防御で前に出てプレッシャーをかけ続けて、ポッドを狙い撃ちされないよ

一般的な9シェイプとイングランドの深い位置からの9シェイプの違い

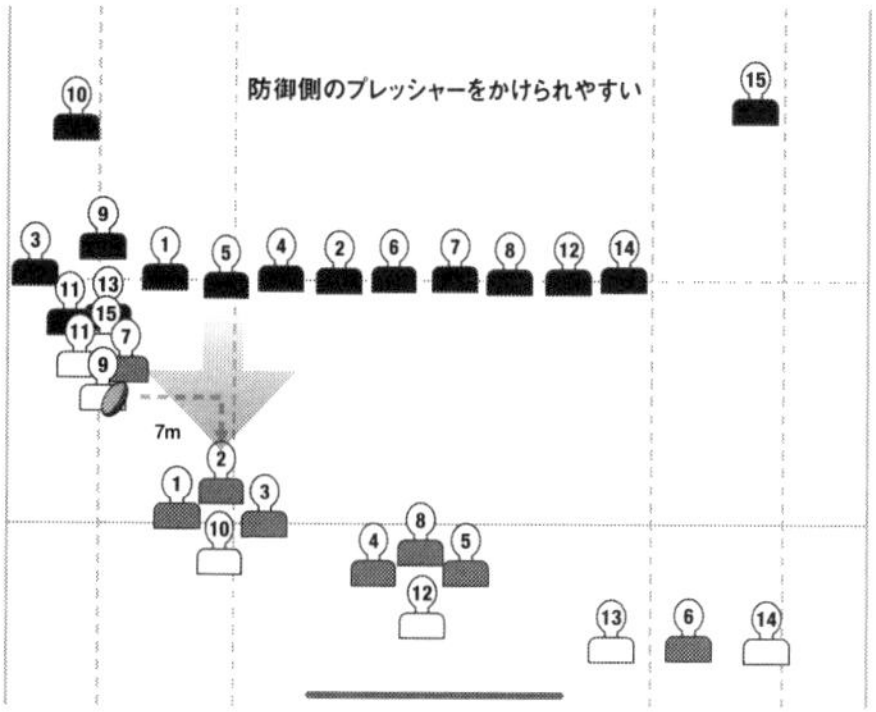

7メートルの深さだと
プレッシャーを受ける

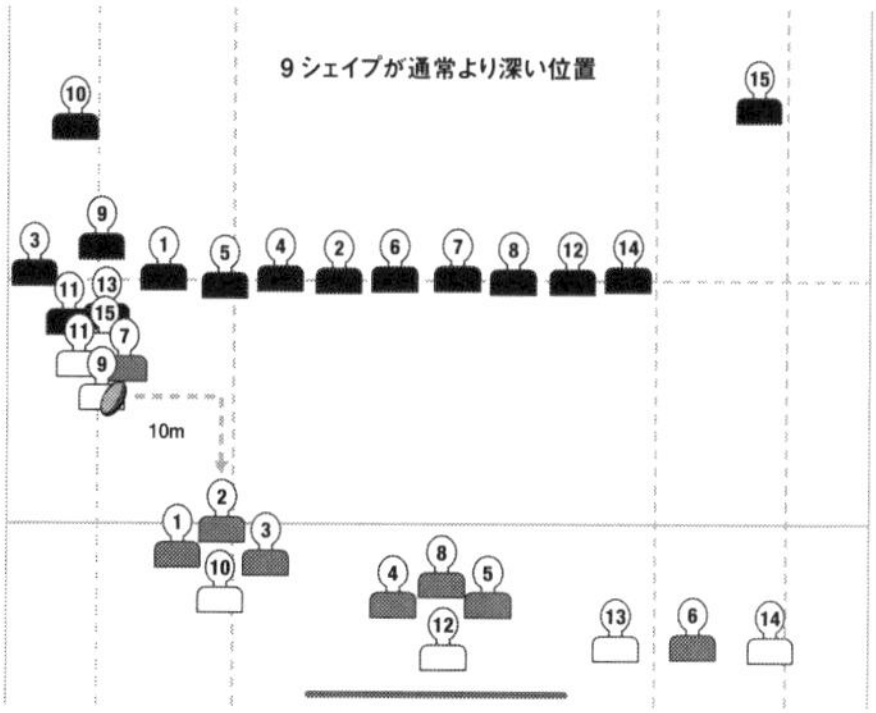

10メートル後ろに下
げてポジショニング

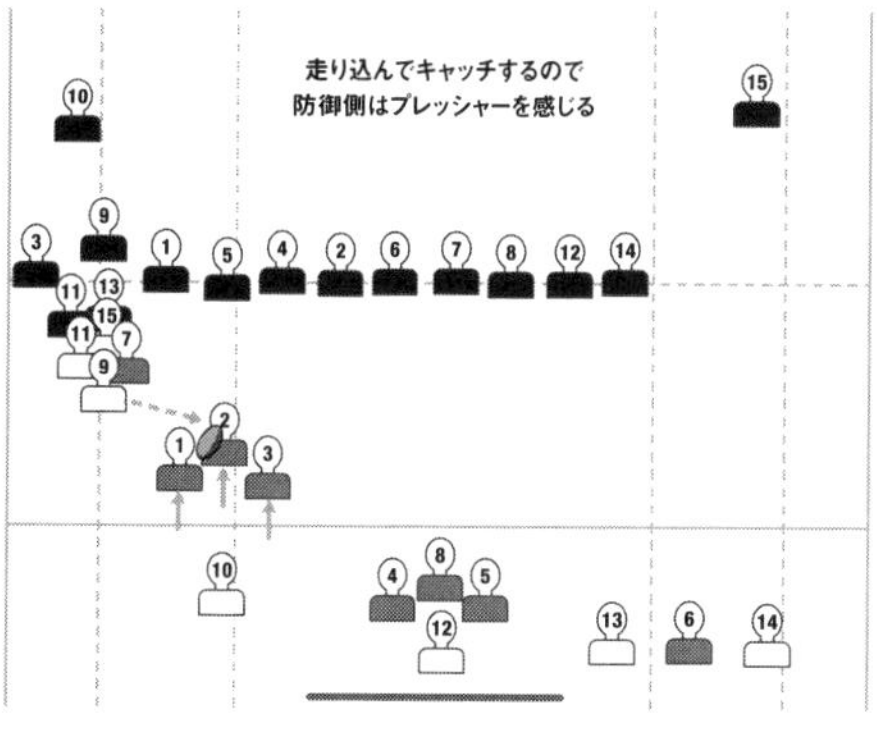

深い位置から走り込ん
でボールをキャッチす
るのでプレッシャーを
受けにくい

うに深い位置から走り込ませると、相手にとってゲームをコントロールするのは困難になるでしょう。

10 日本

過去2回のW杯において、世界トップクラスの運動量とスピードで大躍進を遂げたジャパン。今大会では、その土台を継承しつつ、さらにボールを停滞させず、常に細かく左右に動かしながらの展開ラグビーを目指すものと思われます。

体格の小ささを補うために、低い姿勢で相手に仕掛けて、ラックでボールを確保しながらテンポアップするのが戦術の基本です。

また、ポッドの形を目まぐるしく変えながら攻撃することで、相手の防御を集めて外側にスペースをつくったり、ミスマッチの状況を生んだりすることも、ジャパンの戦術の特徴といえるでしょう。

さらに、継続ラグビーにキックをバランスよく織り交ぜることも求められます。スペースを見極め、状況に応じたキックによるエリアマネージメントを遂行したいところです。

©Getty images

ジャパンの運動量とスピードは世界のトップクラス

具体的な戦術を分析していきましょう。

２０２２年のテストマッチを見る限りでは、前に出る防御、セットプレー、モールを強化してチームづくりをしていたように思います。

ただし、バックラインの連携が悪いのが弱点です。フロントラインの人数が足らずにバックラインの選手が上がった場合に、逆目側からの動きだしが遅く、タッチライン側にキックを蹴られてエリアを大きく奪われる場面が見られました。

攻撃に関しては、ヨーロッパのチームと同様にエッジからエッジへＢＫが移動して、オーバーラップや位置的優位をつくる戦術を使っていましたが、まだここから進化があるように思います。

スキル面に関しては、W杯に向けて取り組んでいたオフロードパスの精度がどこまで上がっているかが気になるところです。

また、海外のチームと比べると、コンタクトしたときに簡単に倒される傾向があるので、この部分の体の使い方を改善しないと、相手チームにジャッカルを狙われる可能性が高いでしょう。

ラグビーの魅力、もっと教えて！

すべてを理解しなくても、ラグビーには魅力が詰まっている

小学生時代は自身もラグビーをプレーし、ラグビー日本代表応援サポーター2023を務める浅野杏奈さん。そんな彼女に初心者に伝えたいラグビーの魅力を思う存分語ってもらいました！

浅野杏奈さん
（ラグビー日本代表応援サポーター2023）

あさの・あんな　2000年12月25日生まれ、東京都出身。2016年～2020年まではアイドルグループ『マジカル・パンチライン』のメンバーとして活動し、大型フェスなど多数出演。2020年8月より日本テレビ『ZIP!』にレギュラー出演、映画出演などマルチに活躍。2021年12月からはJ SPORTS『ラグビー わんだほー！～ラグビー情報番組～』のMCを担当。2023年5月、同年秋に開催されるラグビーワールドカップ2023の「ラグビー日本代表応援サポーター2023」に任命された。

『楽』しい、『苦』しい、『美』しい　それが、ラグビーの魅力

――いきなりむずかしい質問かもしれないんですけど、浅野さんにとっての「ラグビーのおもしろさ」はどこか、教えてください。

浅野　ホント、ひとことで表すのはむずかしいですね（笑）。わかりやすいところで言ったら「ワンチーム」という言葉がありますよね。逆に有名になりすぎて本来の意味をなさなくなってきている気もするんですけど、他

のスポーツにはない独特の一体感がラグビーにはあるんです。一つのトライを取るために、選手一人ひとりが身体をぶつけて、パスをつないで、みんなでラックを組んで……集団じゃないと勝てないスポーツなんですよね。そういう部分が、観ている側にとっては心を動かされるいちばんの魅力なんじゃないかなと思います。

――浅野さん自身も、小学生のときにラグビーをされていたんですよね？

浅野　通っていた小学校にコアラーズっていうラグビーチームがあったんですけど、少年ラグビー最古のチームと呼ばれていたんです。まぁ、「言ったもん勝ち」だったのかもしれないですけど……(笑)。ただ、そういう環境だったので地域でもスポーツがやりたい子はたとえばサッカーではなく、ラグビーをやる、というのが主流でしたね。私自身は決してスポーツが得意ではなかったんですけど、姉が運動神経も良くて、ラグビーもやっていたんです。その影響もあったし、ある日チームの先生から「ラグビーっていうのは『楽』しくて『苦』しくて『美』しいと書くんだよ」と言われて、その言葉に心をつかまれてしまったんです。

――良い言葉ですね。

浅野　実際にやってみて、当時はそこまで感じていませんでしたけど本当にそのとおりだなと。ラグビーはやるのも見るのも楽しいし、でも激しいコンタクトがあったり、メチャクチャ走らなきゃいけない。マインドの部分でも苦しさがあります。でも、その中にラグビー独特の美しさ、美学もあるんです。そういう部分があるから、今でもラグビーに惹かれているんだと思います。

――ラグビーならではの魅力ですよね。

浅野　そのぶん、言語化するのもむずかしかったり、伝わりにくい部分もあるんですけどね。それを端的に表した言葉が「ワンチーム」ではあるんですけど、やっぱり実際に観てみないと感じられないというか……。代表戦はそれがすごく伝わりやすいから人気がありますけど、リーグ戦にももちろんあって。もちろん、プロじゃなくてもラグビーというスポーツすべてに、その魅力はあると思っています。

――浅野さん自身のラグビー経験は小学校まで？

浅野　はい。6年生までの4年間やっていました。中学に上がると女子がラグビーをやれる環境がなくて、そこからラグビーから離れた期間はけっこう長かったんです。でも、その間もちょっと古いですけど『スクールウォーズ』のDVDを借りて観たりだとか。『ノーサイドゲーム』も観ましたね。ただ、いちばん大きかったのは2015年、2019年のワールドカップだったと思います。そう考えると、ラグビーを辞めたあとも心の中には楕円球へのあこがれはずっと持ち続けていたんだなと。今はこうやってお仕事でラグビーとかかわることができて、好きなことを仕事にできるのは本当に幸せだなと実感しています。ようやくラグビーに〝カムバック〟できたなって（笑）。

すべてを理解しなくてもいい〝楽しむ〟ことから始めてみて！

——今は仕事として、その魅力を「伝える」側にもなった浅野さんですが、ラグビーでよく言われる「ルールのむずかしさ」についてはどう思われますか？

浅野　私は青山学院大の出身なんですけど、大学時代に友人と青学対早稲田の試合を観に行ったことがあるんです。その子は一緒にバスケをやっていた子だったので、試合中はバスケに置き換えて話していましたね。「バスケだったら、今のはこういうことだよ」「ペナルティーは、ファウルのことだよ」みたいに。ラグビーもバスケも同じスポーツなのでどこか共通点があるし、逆に違う部分は「ここは違う」って説明してあげれば、意外と伝わるんです。初心者の方にルールを説明する場合は、そういう伝え方もアリなんじゃないかなと思います。

——なるほど、それはおもしろいですね。

浅野　たぶん、ラグビーを初めて観た人でも、心がワーッってなる瞬間ってあると思うんです。初心者の方からすればすごく長い時間をかけて、よくわからないことが起こるわけじゃないですか(笑)。なんかごちゃごちゃ、ぐちゃぐちゃしているし、急に笛も鳴るし。でも、その中でも急にボールがつながる瞬間がある。あの瞬間の興奮、高揚感っていうのは、初心者でも経験者でも観たら忘れられなくなるんじゃないかなって思うんですよね。

――ラグビーの醍醐味《だいごみ》でもある瞬間ですよね。

浅野　代表戦を観ていると、特に多いですよね。ボールがきれいにつながって、最後はウイングの方がトライする――。ただ、それはそれでもちろん素敵だけど、泥臭く、少しずつ相手の守備をこじ開けていくプレーも、よく見ればめっちゃいいじゃないですか。たしかに地味かもしれないけど、少しずつボールをつなぎながら押し込んで、相手も守って、守って……。最後、ほんのわずかだけ開いたところに入っていけるのか、それがグラウディングできたのか。そういうプレーにも私は魅力を感じます。だから、最初はわかりやすくきれいなプレーを楽しんで、少し理解が進んだらそういう泥臭さ、必死さみたいな、チームが一致団結してトライを奪うプレーも楽しめるようになれば、ラグビーをより深く知ることができるんじゃないかなって。

――最近ではテレビ放送でもルールの解説をていねいに行うようになりましたし、ファンの理解度も進んでいますよね。

浅野　ファン目線で言えばすごくうれしいで

すよね。もちろん、私でもまだわからないことはたくさんあります。たとえば「ノットリリースザボール」と「ジャッカル」の違いとか。ジャッカルは姫《ひめ》野《の》和《かず》樹《き》選手（トヨタヴェルブリッツ）で有名になりましたけど、会場で見ていると「ん？　今のはどっち？」と思うことも多々あります。そのあたりの違いだったり、試合を見ている中で「あ、今のはこっちか」と理解できるようになると、ラグビーの楽しみ方のレベルもぐんと上がる気はします。

　ただ、最初からそれを求める必要もないとは思っています。私も最初、フィールドで行われていることすべてを理解しようとして苦しんだ経験があります。最初は誰でもわからないことだらけなのはあたりまえで、それでも選手たちがぶつかり合って、トライを取って、盛り上がるだけでも十分楽しめるじゃないですか。「ルールがわからないから観ない」という人には「わからなくてもいいから、まずは観て、理解できるところだけを楽しんでほしい」と思います。会場の熱量とか、選手が頑張っている姿とか、トライとか、そこだけでもいい。私自身もそこを吹っ切れた部分があって、逆にそれから少しずつ試合の流れや何が起こっているかが理解できるようになっていきました。

——初心者の方が最初に観るときは、そのくらいの意識でいいのかもしれないですね。

浅野　今はいろいろなコンテンツがあるの

で、たとえば試合後にプレーの細かな部分が解説を見ることもできます。私もそれを見て「あぁ、そうだったんだ！」と思うことがたくさんあります。そうやって何かを知りたいと思う意欲が出るまでの布石として、最初はまず「観る！」だけでも大切かなって。「わからないから観ない」がいちばんもったいないですよ。まずは何か取っ掛かりを見つけて、とりあえず観て楽しむ。そこから、「もっと知りたい」って思ったときに、それこそこの本を最初に手に取ってもらって、そこからラグビーを知ることを始めてもいいんじゃないかなって。

今シーズンは、堀江選手の試合中の動向だけを追い続けました

――では、そういう今「知りたい」と思い始めたラグビー初心者の方に向けて、浅野さん自身も「まだよくわかっていないかも……」と感じているプレーがあれば教えてください。

浅野　ラグビーを観てきた中で、ある意味ずっと放置していて、恥ずかしいですけど去年くらいまでちゃんと理解できていなかったプレーがあります……キックです。

――それは、ルール的な部分で？

浅野　はい。ペナルティーキックもそうです

し、たとえば22メートルラインの外から蹴り出したら、どっち側からのラインアウトになるんだとか、そのあたりのルールが自分の中で少し曖昧な部分があったんです。

――特にプレーの流れの中で瞬時に判断するのはむずかしいかもしれないですね。

浅野　さすがにマズいだろと思って、もう一度最初から勉強し直したので今はわかるようになったんですけど、それでまたラグビーがおもしろくなりました。次の展開を考えられるようにもなったので。

――それじゃあ、2021年から試験的に適用された50：22（フィフティ・トゥエンティトゥ／

※ボールを保持しているチームが自陣の内側からボールを蹴って相手陣の22メートルラインより内側でバウンド

してタッチになった場合、キックを蹴ったチームのラインアウトで再開することができる）なんかはかなり厄介だったんじゃないですか？

浅野　いえ、ちょうどそのころからラグビーを改めてしっかり見始めたので、50：22だけは逆にわかってました（笑）。でも、それ以外の部分が曖昧でだったので、解説の方のリアクションなんかを見ながら心の中で「おー」って思っていましたね。

――プレーの部分で「観ていてむずかしい」と思うところはありますか？

浅野　たとえばディフェンスで言えば、フルバックとウイングの選手が後ろに下がって縦横無尽に状況を見ながら動くじゃないですか。もちろん、チームによって多少違うとは思うんですけど、最初のころは「最後の砦《とりで》にしては人数少なくない？」と思っていました（笑）。もちろん、観ているうちにみなさんプロなのでちゃんと止められる位置にいて、ちゃんと考えられたうえでの配置なんだなというのは理解できましたけど、逆に「さすがプロ」だなぁって。たとえば、昨シーズンは東京サントリーサンゴリアスでプレーしていたダミアン・マッケンジー選手（現チーフス）とか、メチャクチャ速くてびっくりしました。キックチェイスのときも「なんであれ捕れるの？」っていうスピードと、あとは先を読む力なんですよね、きっと。

――海外のスター選手は、そういう「試合を読む力」も優れていますよね。

浅野　いわゆるラグビーIQみたいなものって、観ているだけじゃなかなかわからないですけど、たとえばダミアン・デアレンデ選手なんかは「デカい！　強い！」って見ただけでわかるし、マリカ・コロインベテ選手（ともに埼玉パナソニックワイルドナイツ）も「速い！」みたいな。なんか、ワイルドナイツの選手に寄っちゃいましたね……（笑）。そういうすごさが見た目でわかりやすい選手はもちろんですけど、そうじゃない選手――体格的には別に普通なのに、なにかすごい！　みたいな選手もいるので、おもしろいですよね。

――日本人選手で注目している選手はいますか？

浅野　これもワイルドナイツの選手ですけど……（苦笑）。今シーズンは堀江翔太《ほりえしょうた》選手が試合に出てきたときには、最初何をするかを観ていました。本当、この人は朝起きてからどうやってルーティンをこなして試合に臨んでいるんだろう……くらいの気持ちで、試合全体ではなく堀江選手だけを観るようにしていました。

――味方にも指示を出して、自分もポジションを変えたり、逆にチームメイトのポジションを変えさせたりしていますよね。

浅野　めちゃくちゃ声も出しているんですよ。生でラグビーを見るとそういう「声」も聞こえるので、注目しちゃいます。今シーズンから、東芝ブレイブルーパス東京の試合で「リアル・グラウンド・サウンドシステム」

という設備が導入されたんです。グラウンド上にマイクを設置して、選手の声とか体がぶつかる音が観客席にも届くというシステムで、もちろん観る側にとっては楽しくもあるんですけど、個人的にはマイクを通さずに聞く本当の「生の音」――選手の声やボールを蹴る音も楽しみたいなと思っています。あ、あとはキャッチの音もいいですよ！　実は、ボールを捕る瞬間もちゃんと音が鳴ってるんです。

――キャッチが上手い選手と下手な選手で音も違いますよね。

浅野　え？　そうなんですか？　すごい、今度ちゃんと聞いてみよう……。

ワールドカップの熱が、リーグワンにもつながってほしい

――今年はワールドカップが開催されます。浅野さんはどういうところに注目していますか？

浅野　お仕事で携わっている、という以前に純粋に楽しみです。特に2015年に南アフリカに勝ってから、日本でもワールドカップ熱が高まっているじゃないですか。今年はラグビー以外のスポーツも世界大会がたくさん開催される年ですけど、それを最後に締めてくれるのがラグビーなのかなって思っています。

——サッカーは昨年末でしたが、そこから今年は野球のWBCもあって、確かに国際大会が盛り上がってますね。

浅野　そうなんです。だからそんなワールドカップイヤーを締めくくれるように、選手には頑張ってもらいたいですし、結果も大事ですけどそこだけじゃない、胸が熱くなるようなプレーを見せてほしいです。あとはリーグワンには日本代表だけじゃなくて世界中のスター選手がいるので、今回は日本以外の試合もすごく楽しみにしています。あと、いちばん思うのは代表戦、ワールドカップからリーグワンに興味を持ってもらって、日常的にラグビーを観たり、ラグビーを始めたりする人がたくさん増えるといいなというのが、私の望みです。

――ラグビー界全体の課題でもあります。

浅野　本当にむずかしいことだとは思うんです。去年のオールブラックス戦、何万人もお客さんが入って、ラグビーの人気がすごいことはわかったんですけど、それがリーグワンの人気につながっているかと言われると……。ラグビーはもちろん、リーグワンの魅力も伝えることが大切だなと実感しています。代表に選ばれていなくても、すごい選手がリーグワンにはたくさんいるんです。だからワールドカップをきっかけに、リーグワンも観て！　というのが、私がいちばん言いたいことですね。

ラグビー用語集

あ行

■アウトサイド
ブレイクダウンのある位置から見てタッチライン側にある外側のスペース

■アシストタックラー
1人目以降にタックルに入った選手

■アライビングプレーヤー
ブレイクダウンができてから参加する選手

■アロー
ユニット（シェイプ）の形。三角形の真ん中（ヘッド）を頂点にして、内側と外側に選手を配置する。バックドア（テール）に選手を配置することもある

■アンブレラディフェンス
ロングパスでアウトサイドに持って行かれないように内側より外側が飛び出す防御システム。ショートパスが通ったら、飛び出した外側のディフェンダーが下がってスライドディフェンスに切り替え

る

■イーブンスペース
アタックラインとディフェンスラインの間にあるスペース

■イグジット（EXIT）
アタック側が自陣から脱出すること

■「1331」《イチサンサンイチ》「1322」《イチサンニーニー》「242」《ニーヨンニー》
フォワードの配置（フォーメーション）を表す数字。「1331」と数字が四つ並ぶ場合は、四つのポッド（ユニット）で、フォワードがエッジから「1人」「3人」「3人」「1人」という配置となる。バックスは移動するので、このフォーメーションには入っておらず、9シェイプが3人、10シェイプは3人、エッジは片側に1人、もう片側が1人となる。「242」はポッドが三つで、フォワードがエッジから「2人」「4人」「2人」となる

■位置的優位
アタック側が階層的なラインで攻撃できる状態にあること

■インサイド
ブレイクダウンの近くのスペース

■ウィークショルダー
タックラーがキャリアーに対してスクエ

ア（正対）できず、後ろに下がっている肩の方向。右肩が前に出ていると左側はウィークショルダーになり、左側にボールキャリアーに走られると、タックラーは強くタックルに入れない

■エスコート
キックを蹴られた側の選手が、レシーバーを守るために全力で下がり、結果的にチェイサーが直線的にボールに働きかけづらい状況となる行為

■エッジ
外側のスペースのことで、外側にあるポッドを「エッジ」と呼ぶことが多い。中央のポッドはミッドフィールドと呼ぶ

■エリアマネジメント
テリトリー（地域）を考えてゲームを組み立てること

■オーバーラップ（数的優位）
人数が相手より多い状態

■オフ10《テン》（10シェイプ）
スタンドオフからのシェイプ

■オフ9《ナイン》（9シェイプ）
スクラームハーフからのシェイプ

か行

■カウンターラック
ディフェンス側がブレイクダウンにプレッシャーをかけてターンオーバーするプレー

■グルーピング
ディフェンスを集める行為。通常、ブレイクダウンからのピックやピストンアタックでグルーピングする

■ゴールデンメーター
ブレイクダウンの真上1メートル四方のスペース。ここを制圧できるかどうかでブレイクダウンの優劣が決まる

■コネクト
ボールキャリアーとレシーバーが連動してスペースに仕掛ける動き

■コミット
対面の選手をマークする（される、させる）こと

さ行

■サドルロール
ブレイクダウンでボールに絡みにくるディフェンダーを横に倒すプレー

■シークエンス
あらかじめ攻撃するチャンネルやユニッ

トを決めておき、実行する戦術

■シールド
キッカーに直接プレッシャーがかからないように、フォワードの選手がキッカーの前にポジショニングするプレー

■シェイプ
順目連続移動攻撃戦術の名称であり、ユニットの攻撃の形のこと。スクラムハーフの位置からのシェイプを9シェイプ、スタンドオフの位置からのシェイプを10シェイプ、インサイドセンターの位置からのシェイプを12シェイプと呼ぶ

■シフトドライブ
モールを横にスライドしながら斜め前にドライブしていくプレー

■ジャッカル
倒れているボールキャリアーのボールを奪うプレー

■シャドーランナー（シャドー）
ノミネートされにくいようにブラインド側に隠れている攻撃側の選手のことで、バックドアの選手の内側に配置されてる選手もシャドーと呼ぶ

■ジャム
外からマークを外して内側のアタックに詰めるディフェンスの行為。ダブルライ

ンでバックドアへのパスに外側から詰める行為も「ジャム」と呼ぶ

■シュート（シュートディフェンス）
ロングパスに詰める防御システムで、ダブルラインでバックドアにパスが入ったときに、外側のディフェンダーではなくフロントドアの対面のディフェンダーが詰める行為。外側のディフェンスが詰めるのはジャム

■ジョッキー
味方のディフェンダーを逆側から呼ぶコール

■スイベルパス
横方向ではなく、後方への立体的なパスのことで、フロントドアからバックドアへのパスでよく使われる

■スイング
防御においてブロッカーに邪魔されないようにバックドアの選手にプレッシャーをかける行為。ブロッカーを外側によけて走る

■スカウト
タックラーの外側の選手。アシストタックルに入るかどうかの判断をし、入らなければラインディフェンスに入る

■スクート
スクラムハーフがボールを持ち出すプレー

■スクランブルディフェンス
くずされた状態でのディフェンス

■ストレッチ
ディフェンスを拡散させる行為。ボールを展開することでストレッチさせることができる

■スナイパー（ハンター）
ジャッカルを狙う選手

■スペアマン
ブートスペース（フロントラインとバックラインのスペース）をカバーしている選手。通常、スクラムハーフがカバーしている

■スマザータックル
ボールキャリアーの前進する力を利用して、ボールごと相手を抱えて引き込んで倒すタックル

■スマッシュ
タックル時に肩を当てる局面。相手にヒットの勢いを伝える

■スライダー
ダブルラインのバックドアの選手のこと。

フロントドアの選手は「ブロッカー」と呼ぶ

■スライドディフェンス
内側からパスと同時に外側へノミネートを切り替えて、防御側の数的不利を補う防御システム。

■3《スリー》ポッド
攻撃するポッド（ユニット）の数が三つある戦術

■スローボール
攻撃側が停滞した局面

た行

■タートルタックル
タックルで相手を倒す際に、相手の上に乗るのではなく、相手が自分の上に乗るようにひねって倒すタックル。ジャッカルを狙いやすいスキル

■タイムライン
時間軸でゲームを組み立てること。一般的には20分タームで考える

■タクシーライン
スクラムハーフがスクート（ブレイクダウンからの持ち出し）するときの走るコース

■ダブルライン
前後に二つあるラインのことで、前のラインを「フロントドア」、後ろのラインを「バックドア」と呼ぶ

■チェイスフィート
タックルで相手を捕まえたあとに、足を動かしてドライブする行為。レッグドライブとも呼ぶ

■チョークタックル
相手を倒さず抱え上げるタックル。モール停止状態にしてターンオーバーを狙う

■チョップタックル
相手を倒すタックル。低いタックルを指すことが多い

■ティップオン・パス（TIP ONパス）
フォワードのポッド内でのショートパス

■デイライト
ブレイクダウンでボールが見えている状態のことで、ジャッカルに入るかどうかの判断基準になる

■テール
バックドアに位置する選手

■デスマルケ
ボールをキャッチする前にマークをはずす動き。アウト、インと動いてキャッチ

前に相手より優位な位置取りをする

■10《テン》シェイプ
スタンドオフからパスを受けるポッド（ユニット）。ミッドフィールドを攻撃するときに使う

■12《トウェルブ》シェイプ
インサイドセンターからパスを受けるポッド（ユニット）。アウトサイドを攻撃するときに使う

■ドギー（アタック）
停滞した状況からアタックを仕切りなおすための手段。ブレイクダウンから少し離れたところに3人が密着した状態でかまえて、スクラムハーフからパスを受けたボールキャリアーがブレイクダウンをつくりにいく。リサイクルスピードを上げて、次のアタックにつなげることが目的となっている

■ドミネートタックル
ボールキャリアーを敵陣側に押し返すタックル

■トラッキング
タックルに入るまでのタックラーの動き方（追い込み方）

■トランジション
切り替わるポイントのことで、「攻撃↓

防御、防御↓攻撃」のことを指したり、スクラムやラインアウトのフォワードとバックスのオフサイドラインのギャップを指したりする

な行

■ナイトリング
防御側のバックライン（後ろのスペース）を2人で守ること

■9《ナイン》シェイプ
スクラムハーフからパスを受けるポッド（ユニット）。インサイドを攻撃するときに使う

■ネガティブタックル
ボールキャリアーを相手側に押し返せず、自陣側に出られるタックル

■ネガティブトランジション
攻撃からターンオーバーされて防御に移る局面

■ノミネート
対面を指差して自分のマークであることを示すプレー

は行

■バックドア
ダブルラインの後方のラインのこと。前方のラインはフロントドア

■バックライン
ディフェンスラインでキックを警戒して下がっているディフェンダーのこと。通常、2人から多いときで4人が下がっている

■パドリング
タックルの局面で、ボールキャリアー左右の動きに素早く対応できるよう細かく足を動かすこと。ショートステップともいう

■パワーフット
コンタクトする際、ヒットする肩と同じ側の足を踏み込むこと。その手前の足を「リードフット」と呼ぶ

■ハンズ
飛ばしパスを使わず、ラインでパスを回すプレー

■ハンズアップ
両手を挙げること。パスキャッチ、タックルの基本

■ピストンアタック
左右交互に連続してアタックを続けることで、防御をグルーピングする行為。9シェイプとエッジで行ったり、ミッドフィールドの二つのポッドで行ったりする

■ヒップウインドウ
ボールに絡んでいる選手の片方の足を取って横に倒すプレー。単体で使うことは少なく、サドルロールに入っているがボールに絡んでいる選手が倒れていない場合、ヒップウインドウで足を取って横に倒す

■ピラー
ブレイクダウンからいちばん近くにポジショニングするディフェンダー

■ブートスペース
フロントラインとバックフィールド（バックライン）の間のスペース。通常、スクラムハーフがカバーしている。そのカバーしている選手をスペアマンと呼ぶ

■4《フォー》ポッド
攻撃するポッド（ユニット）の数が四つある戦術

■フォールディング
ブレイクダウンができたときに、防御側が順目方向に移動してブレイクダウン周囲にポジショニングする行為

■プラグ
ジャッカルをサポートする選手。真後ろから片方の足をジャッカル選手の間に入れて、ひざを曲げて密着する。倒れ込まないように軽く持ち上げるようサポート

する

■ブリッジ
ボールキャリアーが倒されたとき、その選手をつかんで防御からボールを守るためのプレー

■ブレイクダウン
モールやラックの総称

■ブロッカー
ダブルラインでフロントドアの選手が使うプレー。デコイともいう。パサーにフラットに走り込んで防御の足を止めるプレー

■フロントドア
ダブルラインの前方のラインのこと。後方のラインはバックドア

■フロントライン
相手の攻撃をできるだけ前で止めてゲインラインの攻防を有利にするために配置されたディフェンスラインのこと。横一列に並んで相手のパスやランを止める。10〜13人で守るのが一般的になっている

■ヘッド
アローの形の真ん中の選手の名称

■ホーバー
防御側が数的不利にある状態で、逆側か

ら防御の選手が来るのを待って飛び出さないためのコール

■ボールウオッチ
防御においてボールばかり見て対面から目を離す行為

■ボールキャリアー
ボールを持っている選手。単にキャリアーともいう

■ポケット
キックを蹴る際、キッカーが立つブレイクダウンの真後ろのエリア

■ポジティブトランジション
防御からターンオーバーして攻撃に移る局面

■ポスト
ブレイクダウンから2番めにポジショニングするディフェンダー

■ボックスキック
ブラインド側に上げるキックで、主にスクラムハーフから上げるキックを指す

■ポッド
いくつかの攻撃チャンネルにユニットをつくり、ボールを人が追いかけるのではなく、攻撃チャンネルにボールを動かして防御をくずしていく戦術

ま行

■ミスパス
飛ばしパス

■ミスマッチ（質的優位）
バックスに相手のフォワードが相対していたり、フォワードに相手のバックスが相対していたりする状態。フィジカルやスキル差で優位が生まれている状態

■ミッドフィールド
ブレイクダウンの位置からタッチライン側にあるアウトサイドと中間のスペース

や行

■ユニット
攻撃やリサイクルするための集団。ポッドやシェイプはユニット単体やユニットを連携させて攻撃する

ら行

■ラックチェイス
防御側がブレイクダウンに寄っていく状態

■ラッシュ
スクラムハーフからのパスによってインサイドでブレイクダウンをつくるプレー。9シェイプのアタックを指すことが多い

■ラッシュアップディフェンス

横にスライドしたり相手の攻撃を待ったりする防御ではなく、前に出て相手の時間を奪ってゲインラインの攻防を有利にするためのディフェンスシステム

■ラッチ

ボールキャリアーの背中をつかんでいっしょにドライブするプレー

■リードフット

パワーフット（２２３ページを参照）の前に出す足のことで、リードフットを相手に近づけることで、パワーフットを大きく踏み出さなくてよくなり、その後のチェイスフィートにつなげることができる

■リードランナー

９シェイプにおいてスクラムハーフからいちばん遠くにいるレシーバーのこと

■リンケージ

フロントドアとバックドアが一つのパスでどちらでも放れる状態にあること

■レシーバー

ボールをキャッチする選手

■レッグドライブ

タックルで相手をつかまえたあとに足を動かしてドライブする行為。チェイス

フィートとも呼ぶ

■ロックディフェンダー
ブレイクダウンが発生したとき、ブレイクダウンに参加してない、いちばん近くにいる外側のディフェンダーのこと。ロックディフェンダーがノミネートしている選手を変えずにポジショニングすることで、外側にスペースをつくるのを防ぐことができる

井上正幸

大東市立住道中学校でラグビーを始め、大阪府立大東高校を経て大阪体育大学に入学しラグビー部に在籍。大学卒業後、整形外科のインプラントを販売する会社「オルソテック(株)」に勤務する傍ら、1998年、関西ラグビー協会に所属する「くすのきクラブ」を創設し、2020年近畿クラブリーグのカテゴリーAに昇格する。また、2008年から兵庫医科大学でコーチを始め、09年西日本医科学生総合大会4位、11年関西医歯薬学生ラグビーフットボールリーグ2位、12年同大会3位、13年同大会2位の成績を収める。14年、京都成章高校スポットコーチとして、全国高校ラグビー大会4位、15年同大会8位、16年、大阪体育大学スポットコーチとして、関西大学ラグビーBリーグ優勝、17年ヘッド17年ヘッドコーチとして同リーグで優勝。入れ替え戦にも勝利してAリーグへ昇格させた(2019年に退任)。2022年シーズンは林大成選手（7人制ラグビー日本代表）と著者が運営するラグビーメディア「# らぐびーくえすと」とJ SPORTSがコラボして、リーグワンを中心に戦術視点でラグビーの魅力を発信したり、WOWOWとのコラボで戦術解説を行っている。著書に『これまでになかったラグビー戦術の教科書』『これまでになかったラグビー防御戦術の教科書』（小社刊)、『ラグビー3カ月でうまくなる基本スキル』(学研)がある。

「らぐびーくえすとオンラインサロン」
「らぐびーくえすとアカデミー」のご案内

「らぐびーくえすとオンラインサロン」とは？

ラグビーを愛する全ての人のベースを磨くをコンセプトとしたオンラインサロンです。実際の試合映像を観ながらシーンを分解して構造を学ぶ「試合映像解析」。指導者同士がつながり、楽しみ、学べる「Facebook非公開グループ」。各専門分野のトップランナーのオンラインセミナー。選手、指導者、ファンが深くラグビーを楽しめることを目指したコミュニティになります。1,500円（税込）/ 月

オンラインサロンの詳細は以下よりご確認ください。
https://questcommunity.hp.peraichi.com/

「らぐびーくえすとアカデミー」とは？

毎月、特定のスキルを習得する " くえすとアカデミー "
毎週のコーチング映像と練習プログラムを10カ月分購入いただけます。

アカデミー練習プログラムの詳細は以下よりご確認ください。
https://xtgz8.hp.peraichi.com/cram_school_site_1p_1

ブックデザイン	山之口正和＋齋藤友貴（OKIKATA）
カバー写真	Getty Images
編集協力	狩野元春（株式会社ヤンドラ）
図版作成・DTPオペレーション	松浦竜矢
イラスト	中山けーしょー
編集	滝川昂（株式会社カンゼン）
取材協力	君島良夫（Japan Elite Kicking）
	下村大樹（大阪体育大学レフリーアドバイザー）

もっともわかりやすい
ラグビー戦術入門ガイド

発 行 日　2023年8月10日　初版

著　　者　井上 正幸
発 行 人　坪井 義哉
発 行 所　株式会社カンゼン
〒101-0021
東京都千代田区外神田2-7-1 開花ビル
TEL 03（5295）7723
FAX 03（5295）7725
https://www.kanzen.jp/
郵便為替 00150-7-130339
印刷・製本　株式会社シナノ

ISBN 978-4-86255-693-6
Printed in Japan
定価はカバーに表示してあります。

ご意見、ご感想に関しましては、kanso@kanzen.jp までEメールにてお寄せ下さい。お待ちしております。